AF453897

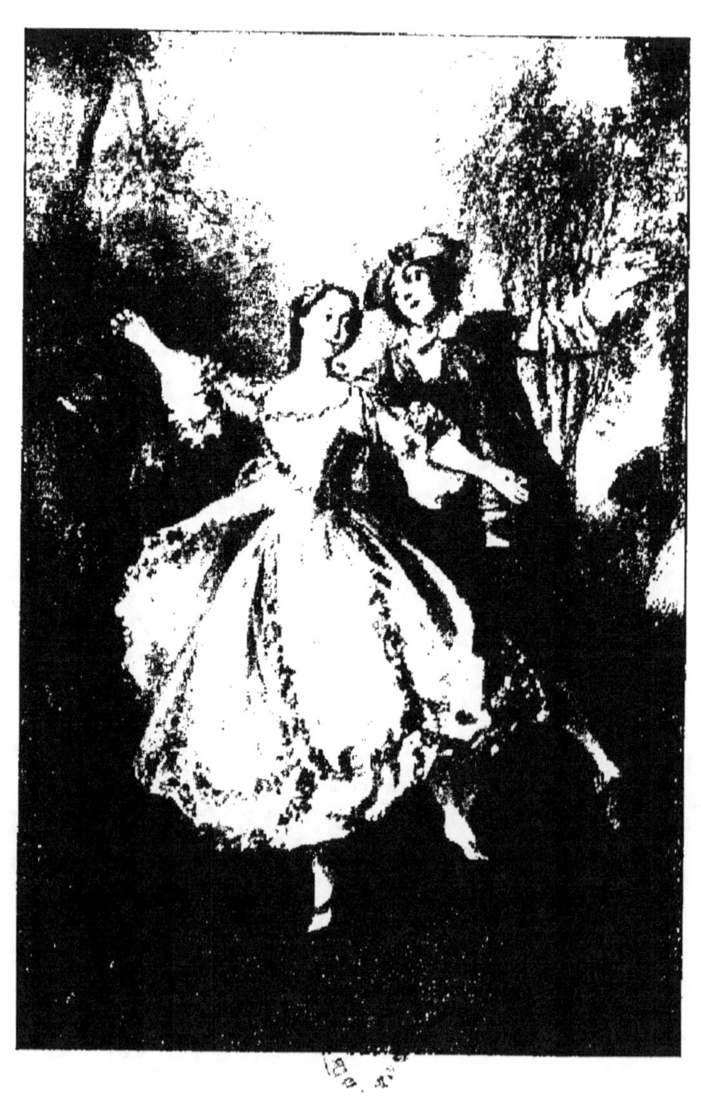

No. 86. Lancret: La danseuse Camargo.

EXPOSITION D'OEUVRES DE L'ART FRANÇAIS AU XVIIIE SIÈCLE

DU 26 JANVIER AU 6 MARS 1910

OUVERTE TOUS LES JOURS
DE 10 HEURES A 6 HEURES

F. BRUCKMANN A.-G.
MUNICH – BERLIN

Le grand succès de l'exposition de tableaux anglais du dix-huitième siècle, organisée en 1908 par l'Académie royale des Arts, a suggéré à l'Académie l'idée de faire une exposition d'œuvres de l'art français de la même époque.

Ce projet n'a pu se préciser et se réaliser que grâce au concours de nombreux amateurs et collectionneurs qui, avec le plus grand désintéressement, ont prêté leurs trésors à l'Académie.

C'est à Sa Majesté l'Empereur et Roi, Son auguste protecteur, que celle-ci doit tout d'abord sa gratitude pour l'intérêt qu'Il a daigné témoigner à l'entreprise, et l'aide précieuse qu'Il a bien voulu lui donner en prêtant un grand nombre des chefs-d'œuvre qui Lui appartiennent.

Sa Majesté le Roi de Saxe et L. L. A. A. R. R. le grand-duc de Bade, le grand-duc de Hesse et le grand-duc de Saxe-Weimar ont aussi puissamment favorisé l'exposition en consentant au prêt des œuvres qui font partie de leurs collections.

L'Etat français a mis à la disposition de l'exposition quelques précieuses tapisseries de gobelins et quelques tableaux.

L'ambassadeur de France à Berlin, S. E. M. Jules Cambon, s'est employé de la façon la plus gracieuse et la plus efficace à l'exécution de cette entreprise, non seulement en prêtant les œuvres d'art qui lui appartiennent, mais aussi en prenant une part active aux travaux préparatoires. C'est à son instigation que s'est formé, à Paris, en vue de l'exposition, un comité composé de:

Le prince Auguste d'Arenberg (président),
Le duc Decazes,
M. Louis Metman, conservateur du Musée des arts décoratifs,
M. Gustave Dreyfus,
Le Baron Maurice de Rothschild,
Le Baron Théodore de Berckheim et
M. Charles Dreyfus, conservateur au Louvre, tous à Paris.

L'Académie doit à ce comité d'avoir réuni les œuvres d'art prêtées en France. Une mention particulière de reconnaissance lui est due pour s'être chargé de l'expédition de Paris à Berlin.

S. E. M. le comte de Seckendorff s'est occupé lui aussi avec tout le succès possible de l'exécution de notre projet.

Des tableaux, des tapisseries des gobelins,
des sculptures, des dessins et des œuvres
graphiques nous ont été prêtés de plus:

De la France:

M. Edouard André,
M. le prince A. d'Arenberg,
M. Joseph Bardac,
M. Noël Bardac,
M. Sigismund Bardac,
Mme la baronne de Berckheim,
M. le marquis de Biron,
M. Léon Bonnat,
M. le comte M. de Camondo,
Mme la comtesse Jean de Castellane,
M. le marquis de Chaponay,
M. le docteur Jean Charcot,
Mme la comtesse de Cossé-Brissac,
M. le baron de Courcel,
M. le duc Decazes,
M. Pierre Decourcelle,
M. Gustave Dreyfus,
Mme Michel Ephrussi,
M. Maurice Fenaille,
M. le marquis de la Ferronays,
M. Fitzhenry,
Mme la comtesse Robert de Fitz James,
M. François Flameng,
M. le comte Gérard de Ganay,

Mme la marquise de Ganay,
M. le comte Greffulhe,
Mme la marquise de Jaucourt,
M. Edouard Kann,
M. Kraemer,
M. Albert Lehmann,
M. le docteur Magyre,
M. Gaston Menier,
M. J. Peytel,
M. le comte Pillet-Will,
Mme la princesse de Poix,
Mme Jules Porgès,
Mme la comtesse Edmund de Pourtalès,
M. A. Reyre,
M. le comte de La Riboisière,
Mme la duchesse de Rohan,
M. le baron Henri de Rothschild,
Mme la baronne Henri de Rothschild,
Mme la baronne James de Rothschild,
M. le baron Maurice de Rothschild,
M. le baron de Schlichting,
Mme Louis Stern,
M. le chevalier de Stuers,
M. le docteur Tuffier,
M. A. Vieillard-Picard,
M. Wildenstein,
Musée des arts décoratifs,
tous à Paris;

De l'Allemagne:

Son Altesse Royale la princesse Friedrich
Carl de Hesse,

Son Altesse M. le prince Biron de Curland
à Gross-Wartenberg,

M. Hermann Frenkel à Berlin,

Mme von Friedländer-Fuld à Berlin,

Son Exc. M. le Baron Gevers à Berlin,

M. F. von Goldammer à Francfort s/M.,

M. Albert v. Goldschmidt-Rothschild, Attaché
de l'Ambassade impériale à Londres,

Son Excellence Mme la comtesse von Harrach
à Berlin,

M. Karl von der Heydt à Berlin,

M. le prof. Dr Ludwig Knaus à Berlin,

Son Altesse M. le prince Carl Max von Lichnowsky à Kuchelna,

M. Julius Model à Berlin,

M. le comte Friedrich von Pourtalès,
Ambassadeur Impérial à St. Pétersbourg,

M. le comte von Redern à Görlsdorf près
Angermünde,

Son Altesse Mme la princesse Otto Sayn-
Wittgenstein-Berleburg à Egern-Rottach
(Oberbayern).

M. Max Schulte à Berlin,

M. Paul von Schwabach à Berlin,

Son Excellence M. le comte von Seckendorff
    à Berlin,
M. le baron von Senden à Berlin,
Son Excellence M. le baron von Stumm à
    Holzhausen,
Son Altesse M. le duc de Trachenberg,
    prince d'Hatzfeldt, Schloss Trachenberg,
M. le docteur Werner Weisbach, Berlin,
Académie Royale des sciences à Berlin,
Musée Royal des arts décoratifs à Berlin,
Musée grand-ducal à Darmstadt,
Galérie royale à Dresde,
Musée royal »Grünes Gewölbe« à Dresde,
Musée royal des sculptures (Albertinum)
    à Dresde,
Musée grand-ducal à Karlsruhe,
Musée grand-ducal à Weimar,
Goethe-National-Museum à Weimar;

De l'Autriche:

Son Altesse le prince Johann von und zu
    Liechtenstein,
M. von Schuetzenau-Trenck à Taberhof,
Son Altesse royale Don Jaime de Bourbon,
    duc de Madrid, à Frohsdorf;

De la Belgique:

M. le duc d'Arenberg à Bruxelles.

L'académie exprime ici sa reconnaissance à tous ceux qui ont contribué d'une façon quelconque à mener à bien l'exposition actuelle.

Des remerciements doivent être également adressés par l'académie à l'Union des arts décoratifs de France, ainsi qu'à la Ville de Paris. Les directeurs du Musée des arts décoratifs et du Petit palais des Champs Elysées nous ont prêté le plus utile concours.

Une grande édition illustrée du catalogue officiel de l'exposition sera publié par la Société photographique de Berlin.

TABLE ALPHABÉTIQUE DES ARTISTES.

(P. = Peintre, S. = Sculpteur, G. Graveur, Aqu. Aqua-fortiste, L. Lithographe, A. — Architecte, M. d. A. Membre de l'académie française.)

Alix, Pierre Maria, G.

né 1752 à Honfleur, mort 1819 à Paris.

Bas, Jacques Philippe Le, G. et Aqu.

né 1707, mort 1783. Élève de Hérrissé.

Baudouin, Pierre Antoine, P.

né 17 oct. 1723 à Paris, mort 1869. Gendre et élève de Boucher.

Beauvarlé, Jacques Firmin, G.

né 25 sept. 1737 à Abbéville, mort 7 déc. 1797 à Paris. Élève de Dupuis et Cars. 1797 M. d. A.

Boilly, Louis Léopold, P.

né 5 juillet 1761 à La Bassée (Nord), mort 5 janvier 1845 à Paris. Autodidacte.

Bonnet, Louis Marie, G.

né 1743 à Paris.

Bouchardon, Edme, S.

né 29 mai 1698 à Chaumont, mort 27 juillet 1762 à Paris. Élève de Coustou l'aîné.

Boucher, François, P.

né 29 sept. 1703 à Paris, mort 30 mai 1770 à Paris. Prit quelque temps les leçons de Lemoyne, puis acheva de s'instruire par des études personnelles.

Bourguignon, Guillaume (de son vrai nom J. Courtois), L. et Aqu.

né 1628 à St. Hippolyte (Dép. Doubs), mort 15 juin 1679 à Rome. Prit les leçons des maîtres italiens, comme Carlo Maratta.

Caffieri, Jean Jacques, S.

né 1725 à Paris, mort 21 juin 1792 à Paris. 1773 M. d. A.

Cardon, Antoine, G.

né 15 mai 1773 à Bruxelles, mort 16 avril 1813 à Londres.

Cars, Laurent, G. et Aqu.

né 1702 à Lyon, mort 1771 à Paris.

Casanova, Francesco, P.

né 1727 à Londres, mort 8 juillet 1805 à Brühl près Vienne. 1763 M. d. A.

Chalgrin, Jean François Thérèse

né 1739 à Paris, mort 20 janvier 1811.

Chardin, Jean Baptiste Siméon, M.

né 2 novembre 1699 à Paris, mort 6 décembre 1779 à Paris. Élève de Cazes et de Coypel. 1728 M. d. A.

Choffard, Pierre Philippe, G.

né 19 mars 1730 à Paris, mort à Paris 7 mars 1809.

Clodion, de son vrai nom Claude Michel, S.

né 19 décembre 1738 à Nancy, mort 28 mars 1814 à Paris. Fils et élève du sculpteur Thomas Michel et élève de son oncle Lambert Sigisbert Adam. 1773 M. d. A.

Cochin, Charles Nicolas, le jeune, G. et Aqu.

né 22 février 1715 à Paris, mort 1790 à Paris.

Courtois, J., voir Bourguignon.

Coypel, Noël Nicolas, P. et Aqu.

né 18 nov. 1692 à Paris, mort 14 déc. 1734.

Coyzevox, Charles Antoine, S.

né 29 septembre 1640 à Lyon, mort 10 octobre 1720 à Paris.

Danloux, Pierre, P. et G.

né 1745 à Paris, mort 3 janvier 1809 à Paris. Élève de Lépicié et Vien.

David, Jacques Louis, P.
né 30 août 1748 à Paris, mort 29 déc. 1825
à Bruxelles. D'abord élève de Boucher, puis
de Vien. 1783 M. d. A.

Debucourt, Louis Philibert, P. et G.
né 13 février 1755 à Paris, mort 22 sept. 1832.
Élève de Vien.

Delafosse, Charles, P.
né 1636 à Paris, mort 13 décembre 1716
à Paris. 1763 M. d. A.

Delaunay, Nicolas, G.
né 1739 à Paris, mort 1792 à Paris.

Delvaux, Laurent, S.
né 1695 à Gand, mort 1778 à Nivelles.

Drouais, François Hubert, P.
né 14 déc. 1727 à Paris, mort 21 oct. 1775.
Élève de son père Hubert D., plus tard de
Nonotte, Carle van Loo, Natoire et Boucher.

Duplessis, Joseph Sifrède, P.
né 6 avril 1725 à Carpentras (Dép. Vaucluse),
mort 1 avril 1802 à Versailles, prit les leçons
de son père et du peintre Jimbert; acheva
son éducation depuis 1745 à Rome sous
la direction de Subleyras. Habita Paris
depuis 1782. M. d. A.

Dupuis, Nicolas Gabriel, G. et Aqu.
né 1696, mort 1770.

Eisen, Charles, P. et Aqu.
né vers 1720 à Paris, mort 1780 à Paris.
Illustra des livres.

Falconet, Étienne Maurice, S.
né 24 janvier 1791 près de Paris. Élève
de Lemoyne.

Fessard, Étienne, G. et Aqu.
né 1714 à Paris, mort 1774 à Paris. Élève
de E. Jaurat.

Ficquet, Étienne, G.
né 13 septembre 1719 à Paris, mort 11 décembre 1794 à Paris.

Fragonard, Jean Honoré, P. et Aqu.
né 17 avril 1732 à Grasse (Dép. Var),
mort 22 août 1806 à Paris. Élève de
Boucher, acheva son éducation à Rome.
1765 M. d. A.

Gabriel, Jacques Ange, A.
né 1699 à Paris, mort vers 1782.

Gillot, Claude, P. et Aqu.
né 1673 à Langres, mort 4 mai 1722 à Paris.
Élève de J. B. Corneille.

Gravelot, H. Fr., Aqu.
né 26 mars 1699 à Paris, mort 20 avril 1773
à Paris.

Greuze, Jean Baptiste, P.
né 21 août 1725 à Tournus, mort 21 mars

1805 à Paris. Élève de Grandon à Lyon et
de l'Académie de Paris.

Guérin, Jean Baptiste Paulin, P.
né 25 mars 1783 à Toulon, mort 19 janvier
1855 à Paris.

Guérin, Pierre Narcisse, P.
né 13 mai 1774 à Paris, mort 16 juillet 1833
à Rome. Élève de Régnault.

Guérin, Jean, P.
né 1760 à Strassbourg, mort 1836 à Épernay.

Hickel, Antoine, P.
né 1745 à Böhmisch-Leipa, mort 1798 à
Hamburg. Vécût en France 1777.

Huet, Paul, P. et Aqu.
né 5 octobre 1804 à Paris, mort 9 janvier 1869.

Janinet, François, G.
né 1752 à Paris, mort 1813 à Paris.

**Isabey, Jean Baptiste, P. de Miniatures
et L.**
né 11 avril 1767 à Nancy, mort 18 avril 1855
à Paris. Élève de Girardet, Claudot, Dumont
et David. Peintre de Napoléon I.

Kokarski, P.
Peintre de la deuxième moitié du XVIIIe s.

Labille-Guiard, Adelaïde (Vincent, Adelaïde, née Labille des Vertus), P.
née 11 avril 1749 à Paris, mort 24 avril 1803 à Paris. 1783 M. d. A., plus tard peintre des Princesses royales.

Lancret, Nicolas
né 22 janvier 1690 à Paris, mort 14 décembre 1743 à Paris. Élève de P. d'Ulin et Gillot.

Largillière, Nicolas de, P.
né 10 octobre 1656 à Paris, mort 20 mars 1746 à Paris. Élève de A. Goubau à Anvers. Vint en 1674 en Angleterre et revint en 1678 à Paris. 1686 M. d. A.

Latour, Maurice Quentin de P.
né le 5 septembre 1704 à St. Quentin (Dép. Aisne), mort le 17 février 1788 à St. Quentin. Élève de Spoëde. 1746 M. d. A. 1750 peintre de la Cour.

Lavreince, Nicolas (aussi appelé Lafrensen), P.
né octobre 1737 à Stockholm, mort le 6 décembre 1808 à Stockholm. Élève de son père. Vint à Paris en 1771.

Lebrun, Marie Louise Elisabeth (née Vigée), P.
née le 16 avril 1755 à Paris, mort le 30 mars 1842 à Paris. Élève de son père, qui était por-

traitiste et professeur à l'Académie San Luca
de Rome, puis de Greuze, Briard, J. Vernet
et Doyen. Membre des Académies de Paris,
Rome, Parme, Bologne, St. Pétersbourg,
Berlin, Genève etc.

Lemoyne, Jean Baptiste le jeune, S.
né le 15 février 1704 à Paris, mort le
25 mai 1778.   1738 M. d. A.

Lépicié, Nicolas Bernard, P.
né le 16 juin 1735 à Paris, mort le 14 septembre 1784 à Paris. Élève de C. van Loo.
1769 Peintre de la Cour et M. d. A.

Loo, Charles André van (Carle Vanloo), P. et Aqu.
né le 15 février 1705 à Nice, mort le 15 juillet
1765 à Paris. Élève de son frere Jean
Baptiste, de Benedetti Luti à Rome et du
sculpteur Le Gros. 1763 Peintre de la Cour
et Directeur de l'Académie.

Marillier, Clément Pierre, Aqu.
né 1740 à Dijon, mort le 11 août 1808 dans
sa propriété près de Melun. Illustrateur.

Marin-Lavigne, Louis Stanislas, P. et L.
né le 12 avril 1797 à Paris, mort 1860.
Élève de Vernet.

Mignard, Pierre, l'ainé (appelé Le Romain), P.

né le 7 novembre 1612 (1610?) à Troyes (Dép. Aube), mort 30 mai 1695 à Paris. Éléve de J. Boucher à Bourges, plus tard de S. Vouet à Paris. En 1690 nommé membre, recteur, chancelier et directeur de l'Académie-Royale des Beaux Arts à Paris comme successeur de Le Brun.

Moreau, Jean Michel, aussi appelé Moreau le jeune, G.

né le 26 mars 1741 à Paris, mort le 30 novembre 1814 à Paris. Fut de 1757 à 1759 Professeur à l'Académie de St. Pétersbourg; reçut une place en France en 1770.

Monsaldy, G.

né 1768 à Paris, mort 1816.

Natoire, Charles Joseph, P. et Aqu.

né le 3 mars 1700 à Nîmes, mort le 29 août 1777 à Castel Gandolfo près de Rome. De 1751 à 1774 directeur de l'Académie française.

Nattier, Jean Marc, le jeune, P.

né le 17 mars 1685 à Paris, mort le 7 novembre 1766 à Paris. Fils et Éléve de Jean Marc N. le vieux, élève de l'Académie, dont il devint membre 1718; en 1752 il y devint professeur.

Nini, Giovanni Battista, S.
baptisé le 19 avril 1717 à Urbino, mort le
2 mai 1786 à Blois. Vécût comme medailleur
et graveur en France.

Oppenord, Gilles Marie, A.
né le 27 juillet 1672 à Paris, mort 1742 à Paris.
Vécût 8 ans en Italie. Directeur des Manu-
factures et Intendant des Jardins Royaux.

Oudry, Jean Baptiste, P. et Aqu.
né le 17 mars 1686 à Paris, mort le 3 avril
1755 à Beauvais. Élève de son père Jacques O.,
de M. Serres et de Largillière. 1719 M. d. A.
Peintre du Roi Louis XV. Plus tard directeur
de la Manufacture des gobelins de Beauvais.

Pajou, Augustin, S.
né le 19 septembre 1730 à Paris, mort 8 mai
1809 à Paris. Élève de Lemoyne et de
l'École des Beaux-Arts. 1760 M. d. A., 1781
Conservateur des antiquités du Roi, 1792
directeur de l'Académie.

Pater, Jean Baptiste Joseph, P.
né le 29 décembre 1695 à Valenciennes,
mort le 25 juillet 1736 à Paris. Fils et élève
de Antoine Joseph P., puis de A. Watteau.
1728 M. d. A.

Pesne, Antoine, P.
né le 23 mai 1683 à Paris, mort le 5 août

1757 à Berlin. Élève de son père Thomas P.
et de son oncle Delafosse. 1720 M. d. A.
Fut appelé à Berlin en 1710 par Frédéric le
Grand et y devint peintre de la Cour et
directeur de l'Académie.

Ponce, Nicolas, G.

né 12 mars 1776 à Paris, mort mars 1831
à Paris. Élève de Pierre, Fessard et Delaunay. M. d. A.

Portail (Portal), Jacques André, P.

né le 4 septembre 1695 à Brest, mort le
5 novembre 1759. 1746 M. d. A.

Prudhon, Pierre Paul, P.

né le 4 avril 1758 à Cluny (Dep. Saône et
Loire), mort le 16 février 1823 à Paris,
travailla d'abord à Dijon dans l'atelier de
Desvoges, puis à Paris et Rome. 1816
M. d. A.

Rigaud, Hyacinthe, P.

né le 18 juillet 1659 à Perpignan (Dép.
Pyrénées Orientales), mort le 29 décembre
1743 à Paris. Élève de Pezey, Verdier et
Ranc l'ancien; devint 1687 M. d. A.
comme peintre de portraits, 1700 comme
peintre d'histoire, 1710 professeur, 1733
recteur.

Robert, Hubert (appelé Robert des Ruines), P.

né 22 mai 1733 à Paris, mort le 15 avril 1808 à Paris. Élève de P. Pannini. 1766 M. d. A. Paysagiste.

Roslin, Alexandre, P.

né le 15 juillet 1718 à Malmö en Suède, mort le 5 juillet 1793 à Paris. 1753 M. d. A.

Ruotte, Louis Charles, G.

né 1754 à Paris, mort vers 1814.

Saint-Aubin, Augustin de, G.

nè le 3 juin 1736 à Paris, mort le 9 novembre 1807 à Paris.

Saint-Aubin, Gabriel Jacques de, P. et G.

né 1724 à Paris, mort le 9 février 1780 à Paris. Élève de Jeaurat, de C. de Vermont et de Boucher.

Santerre, Jean Baptiste.

né le 1 janvier 1658 à Magny, mort le 21 novembre 1717 à Paris. En 1708 M. d. A.

Silvestre, Louis de, le jeune, P.

né le 23 juin 1675 à Paris, mort le 12 avril 1760 à Paris. Élève de son père Israël S., de Ch. Lebrun et de Bon Boulogne. Alla en 1693 en Italie. 1702 membre, 1706 professeur, 1748 recteur, 1752 directeur de l'Académie de Paris; appelé en 1716 par l'électeur de Saxe à l'Académie de Dresde, où il exerça 24 ans les fonctions de directeur.

Simonet, Jean Baptiste, G.

né 1742, mort vers 1810.

Subleyras, Pierre, P.

né en 1699 à Uzès (Dép. Gard), mort le 28 mai 1749 à Rome. Élève de son père Mathieu S. et de Rivalz.

Tardieu, Pierre François, G.

né 24 déc. 1711 à Paris, mort 1774 à Paris.

Tocqué, Louis, P.

né le 19 novembre 1696 à Paris, mort le 10 février 1772 à Paris. Élève de N. Bertin et de Nattier. 1734 M. d. A.

Vigée voir Lebrun.

Vestier, Antoine, P.

né le 28 avril 1740 à Avallon (Dép. Yonne), mort le 24 décembre 1824 à Paris (?). 1786 M. d. A.

Watteau, Jean Antoine, P. et G.

né le 10 octobre 1684 à Valenciennes (Dép. Nord), mort le 18 juillet 1721 à Nogent-sur-Marne, élève de Métayer, Gillot et Cl. Audran. Fut reçu à l'Académie en 1717.

Liste des Oeuvres exposées
par ordre des salles,
en commençant à gauche de l'entrée de chaque salle
(la salle d'entrée en fait exception).

SALLE D'ENTRÉE.

1.   **Marée, Georges de.**
Le Prince Clément de Saxe, électeur de Trier.
Huile. Toile. H. 2,50 m. L. 1,68 m. Collection de Sa Majesté le Roi de Saxe.

2.   **d'aprés Plattenberg (nommé Platte-Montagne).**
Le couronnement de Psyché. *Gobelin. H. 4,15 m. L. 5,25 m.* Propriété de l'État Français.

3.   **Mignard.**
Louis XIV. *Huile. Toile. H. 2,50 m. L. 1,68 m.*
Collection de Sa Majesté le Roi de Saxe.

4.   Pigalle.

Mercure. *Copie en plâtre.* L'original se trouve au Kaiser-Friedrich-Museum, Berlin.

5.   Pigalle.

Vénus. *Copie en plâtre.* L'original se trouve au Kaiser-Friedrich-Museum, Berlin.

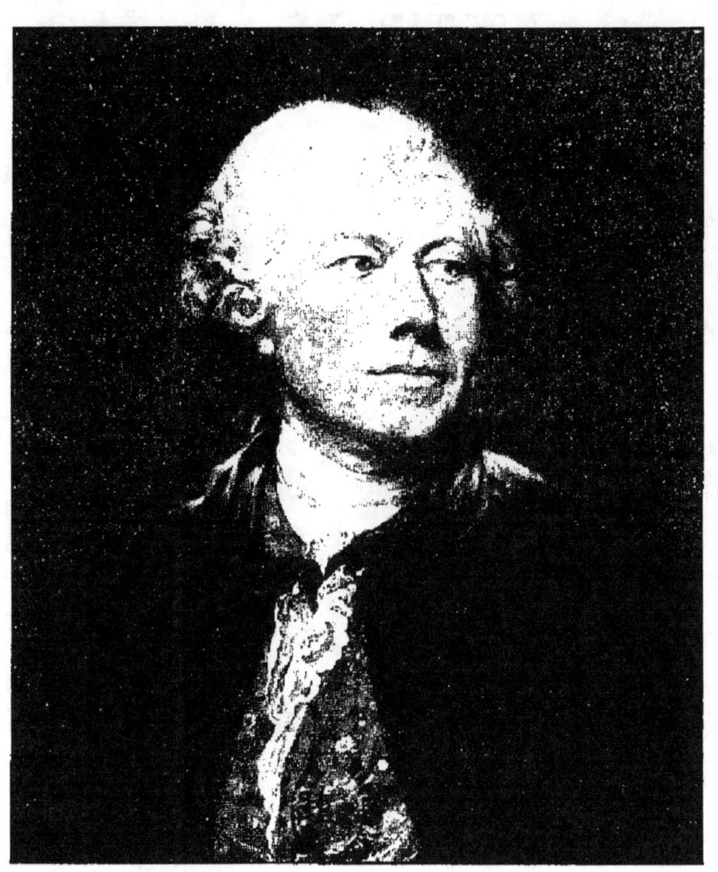

No. 59.   Greuze.

VESTIBULE.

6. Pesne.

Frédéric le Grand, enfant, avec sa sœur Wilhelmine. Daté de 1715. *Huile. Toile. H. 1,74 m. L. 1,64 m.* Collection de Sa Majesté l'Empereur.

7. Bouchardon.

Gustave III., Roi de Suède. *Buste en bronze.* Signé: Jacq. Ph. Bouchardon sculpsit 1749. Gerh. Meyer fudit, Holmiae 1751. *H 0,85 m.* Collection de Sa Majesté le Roi de Saxe.

8. Nattier.

Le Comte Maurice de Saxe, Maréchal de France. *Huile. Toile. H. 2,57 m. L. 1,73 m.* Galerie Royale, Dresde.

9. Clodion.

Amours. Deux *bronzes.* *H. 0,28 m.* Collection de M. le Baron de Stumm, Holzhausen.

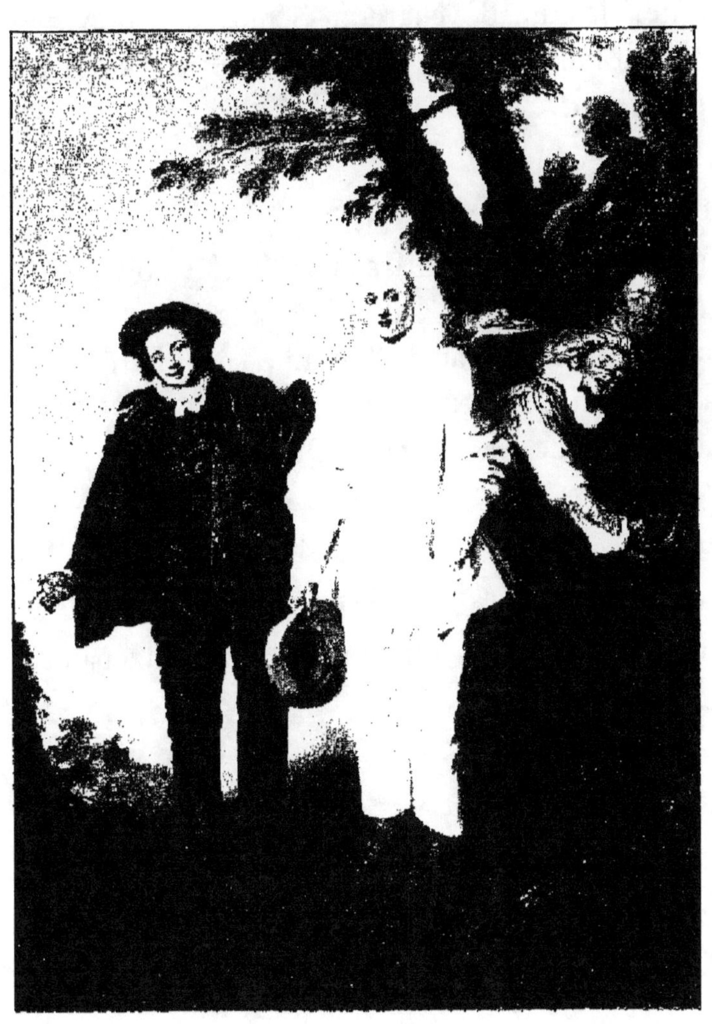

No. 66.   Watteau.

10. Bouchardon.

Charles XII, Roi de Suède. *Bronze. H. 0,94 m.*
Signé: J. Ph. Bovchardon Sculp: G: Meyer
Fec: Holmiae. 1754. Collection de Sa Majesté
l'Empereur.

11. Nini.

Médaillons avec les portraits de Marie Antoinette,
Louis XVI, Marie Cathérine Jacquet et son
époux Orien-Marais, Albertine née Baronne
Nivenheim, Mme Leray de Chaumont. *Bronze.*
Collection de M. Gustave Dreyfus, Paris.

12. Houdon.

Tête de femme. *Marbre. H. 0,55 m.*
Collection de M. Markus von Schuetzenau-
Trenck, Taberhof.

13. Pesne.

Frédéric le Grand. *Huile. Toile. H. 1,40 m.
L. 1,08 m.* Collection de Son Altesse Royale
le Grand-Duc de Hesse.

14. Pajou.

Jeune fille. *Marbre.* Collection de Son
Excellence M. le Baron Gevers, Berlin.

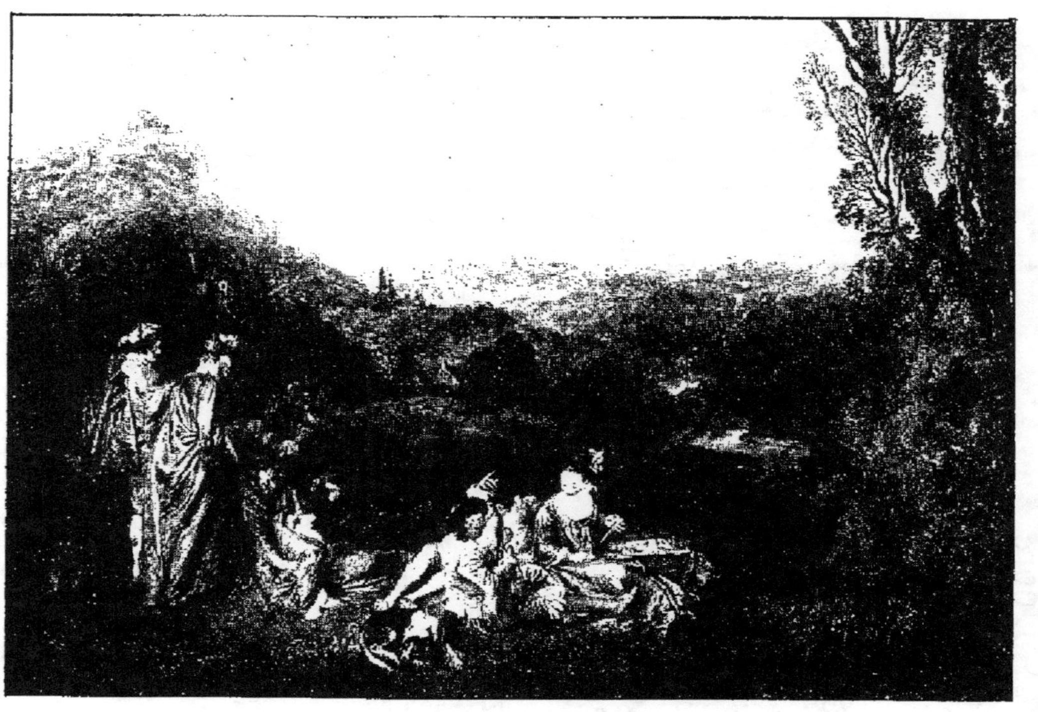

No. 68. Watteau.

15. Dupré.

Portrait. Relief. *Bronze. Diamètre 0,16 m.*
Collection de M. le Baron de Stumm, Holzhausen.

16. Delvaux.

Maurice Comte de Saxe, Maréchal de France.
Buste en marbre. H. 0,75 m. Signé: »Fait
par Laurent Delvaux sculpteur de la Cour
Aux Pays Bas.« Musée royale des Sculptures,
Dresde.

17. Rigaud.

Le Roi Auguste III en prince électoral.
Huile. Toile. H. 2,50 m. L. 1,73 m.
Galerie Royale, Dresde.

18. Coustou l'aîné (Guillaume).

L'Électeur Frédéric Auguste I de Saxe, en
roi de Pologne Auguste II (Le Fort). *Buste
en marbre. H. 0,81 m.* Signé: »G. Coustou F.«
Musée royale des Sculptures, Dresde.

19. Rigaud.

Wilhelm VIII, Comte de Hesse. *Huile. Toile.
H. 1,14 m. L. 1,40 m.* Collection de Son
Altesse Royale le Grand-Duc de Hesse.

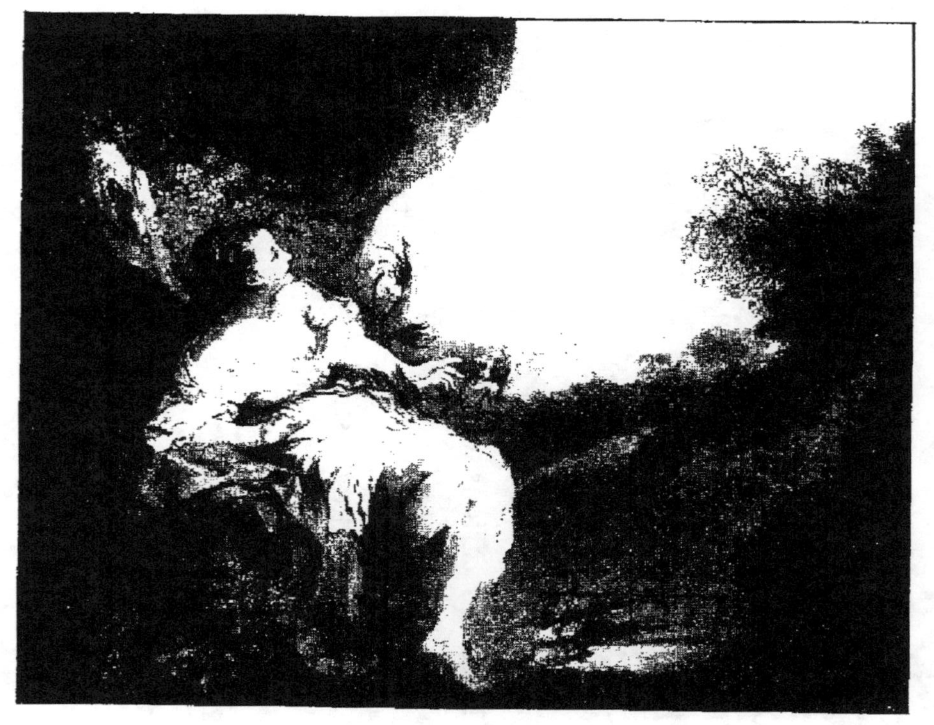

No. 70.   Watteau.

SALLE I.

20. Le Moyne.
Mme Adélaïde de France, fille de Louis XV.
Buste en marbre. Daté 1768. *H. 0,75 m.*
Collection de M. Wildenstein, Paris.

L'Histoire d'Esther. Série de 7 Gobelins,
d'après les cartons de de Troy. Commencé
en 1738. Propriété de l'État Français.

21. La Toilette d'Esther. (No. 1 de la série.)
H. 4,30 m. L. 4,00 m.

22. Francin.
Le chimiste Gassicourt le jeune. *Buste en
marbre. H. 0,75 m.* Collection de Mme la
Comtesse Robert de Fitz-James, Paris.

23. Le Refus de Mardochée. (No. 2 de la
série susdite.) *H. 4,25 m. L. 5,27 m.*

24. L'Évanouissement d'Esther. (No. 3 de la
série susdite.) *H. 4,22 m. L. 5,27 m.*

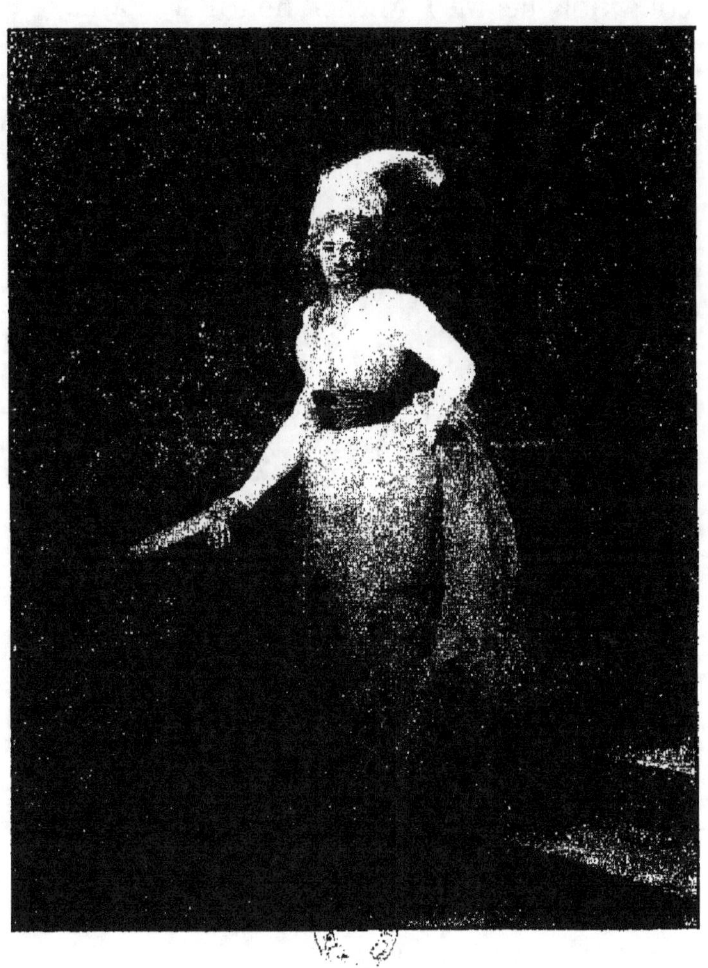

No. 73. Danloux.

25. Coyzevox.
Statuette de Louis XV. *Bronze. H. 0,85 m.*
Collection de Mme Michel Ephrussi, Paris.

26. d'après Oudry.
Chèvres se disputant le passage d'une passerelle.
Panneau de tapisserie de la Manufacture de
Beauvais. Signé: J. B. Oudry 1747. Propriété
de l'État Français.

27. Le Repas d'Esther. (No. 4 de la série
susdite.) *H. 4,25 m. L. 4,90 m.*

28. La Condamnation d'Aman. (No. 6 de la
série susdite.) *H. 4,20 m. L. 4,86 m.*

29. Coyzevox.
Bellerophon sur le Pégase. *Bronze. H. 0,61 m.*
Sur un socle de A. Ch. Boule. Kgl. Staats-
sammlung Grünes Gewölbe, Dresde.

30. d'après Oudry.
Chien épagneul en arrêt. *Panneau de
tapisserie* de la Manufacture de Beauvais.
Signé: J. B. Oudry 1754. *H. 1,08 m.
L. 1,35 m.* Propriété de l'État Français.

31. Inconnu.

Portrait du Comte Carl Friedrich de Hatzfeldt. *Tapisserie* de Savonnerie. *H. 0,80 m. L. 0,69 m.* Collection de Son Altesse le Duc de Trachenberg, Prince de Hatzfeldt.

32. Houdon.

Buste de Voltaire. Signé: Houdon f. année 1778. *H. 0,71 m.* Académie Royale des Sciences, Berlin.

33. Le Triomphe de Mardochée. (No. 7 de la série susdite.) *H. 4,22 m. L. 7,50 m.*

34. Clodion.

Faune avec amours. *Groupe en bronze. H. 0,44 m.* Collection de M. le Baron de Senden, Berlin.

35. Girardon.

L'enlèvement de Proserpine. *Groupe en bronze. H. 0,55 m.* Musée royale des Sculptures, Dresde.

36. Caffieri.

Le philosophe Helvétius. *Buste en marbre. H. 0,72 m.* Collection de M. Kraemer, Paris.

37. d'après Vanloo.

Allégorie de la peinture. *Tapisserie* de Cozette.
H. 0,85 m. L. 0,66 m. Collection de
M. Joseph Bardac, Paris.

37a. Boucher.

La Musique. *Panneau* de la Manufacture Royale
de Beauvais, d'après un carton de l'artiste.
H. 0,94 m. L. 0,72 m. Collection de
M. Maurice Fenaille, Paris.

38. Le Couronnement d'Esther. (No. 5 de la
série susdite.) *H. 4,30 m. L. 4,00 m.*

39. Lebrun.

Marie Antoinette. *Huile. Toile. H. 2,78 m.
L. 1,92 m.* Collection de M. Kraemer, Paris.

39a. Falconnet.

Danseuse. *Bronze. H. 0,50 m.* Collection
de M. Werner Weisbach, Berlin.

40. Inconnu.

Louis XIV. Statue équestre. *Bronze. H. 1,02 m.*
Kgl. Staatssammlung Grünes Gewölbe, Dresde.

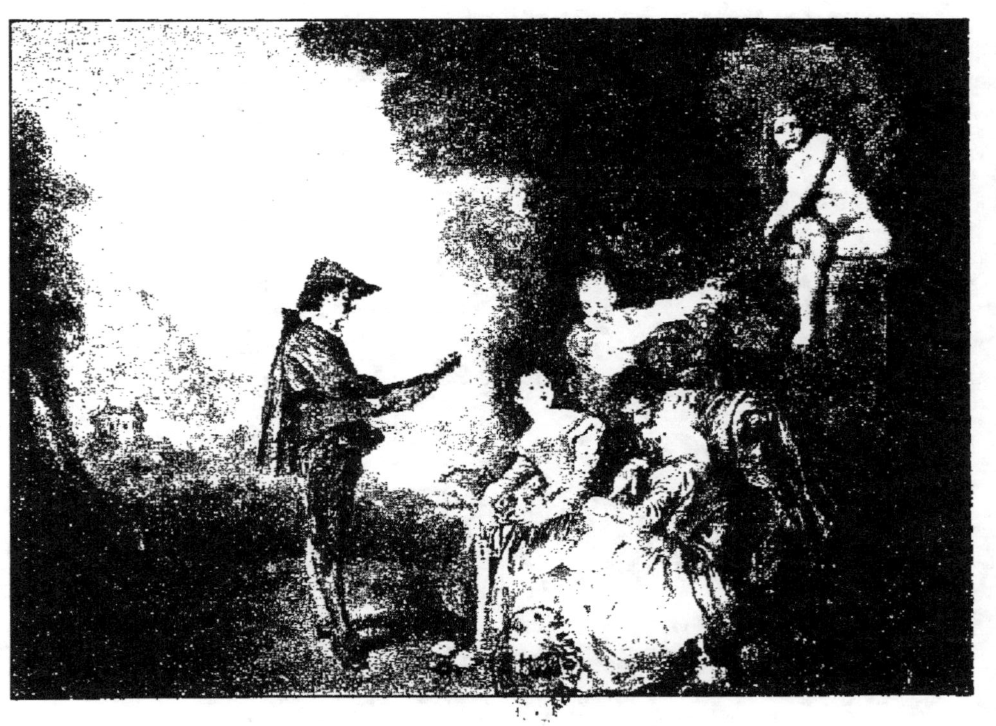

No. 74. Watteau.

SALLE II.

41. Greuze.

Le peintre Jeaurat. *Huile. Toile. H. 0,92 m. L. 0,72 m.* Collection de M. Noël Bardac, Paris.

42. Pater.

Réunion en plein air. *Huile. Toile. H. 0,72 m. L. 0,93 m.* Collection de Sa Majesté l'Empereur.

43. Duplessis.

Le compositeur Gluck. *Huile. Toile. H. 0,85 m. L. 0,70 m.* Collection de M. le docteur Tuffier, Paris.

44. Portail.

Le peintre François Boucher. *Huile. Toile. H. 0,35 m. L. 0,30 m.* Collection de M. le docteur Tuffier, Paris.

45. Fragonard.

Portrait de Mme Gevis. *Huile. Toile. H. 0,55 m. L. 0,46 m.* Collection de M. Albert Lehmann, Paris.

46. Vanloo.

Portrait d'un jeune homme. *Huile. Toile. H. 0,80 m. L. 0,62 m.* Collection de Son Excellence M. Jules Cambon, Ambassadeur de la France à Berlin.

47. Roslin.

Madame de Flandre de Brunville. *Huile. Toile. H. 1,47 m. L. 1,14 m.* Collection de Mme la Comtesse de Cossé-Brissac, Paris.

48. Tocqué.

Mme Harenc de Presles. *Huile. Toile. H.0,81 m. L. 0,66 m.* Collection de Mme la Marquise de Jaucourt, Paris.

49. Fragonard.

Le Pacha. *Huile. Toile. H. 0,72 m. L. 0,90 m.* Collection de M. le docteur Jean Charcot, Paris.

50. Roslin.

Marie Amélie, Duchesse de Parme, sœur de Marie Antoinette. *Huile. Toile. H. 0,92 m. L. 0,75 m.* Collection de M. le Baron de Schlichting, Paris.

51. Chardin.

Nature morte. (Les attributs des arts.) *Huile. Toile. H. 1,42 m. L. 2,23 m.* Signé et daté 1731. Collection de M. Édouard André, Paris.

52. Fragonard.

Le petit Prédicateur. *Huile. Toile. H. 0,75 m. L. 0,84 m.* Coll. de M. A. Veil-Picard, Paris.

53. Pater.

Le Jeu de Colin-Maillard. *Huile. Toile. H. 0,63 m. L. 0,80 m.* Collection de Sa Majesté l'Empereur.

54. Tocqué.

Portrait de Femme. *Huile. Toile. H. 1,00 m. L. 0,79 m.* Collection de Mme la Princesse de Poix, Paris.

55. Chardin.

Nature morte. (Les attributs des sciences.) *Huile. Toile. H. 1,42 m. L. 2,18 m.* Signé et daté 1732. Coll. de M. Édouard André, Paris.

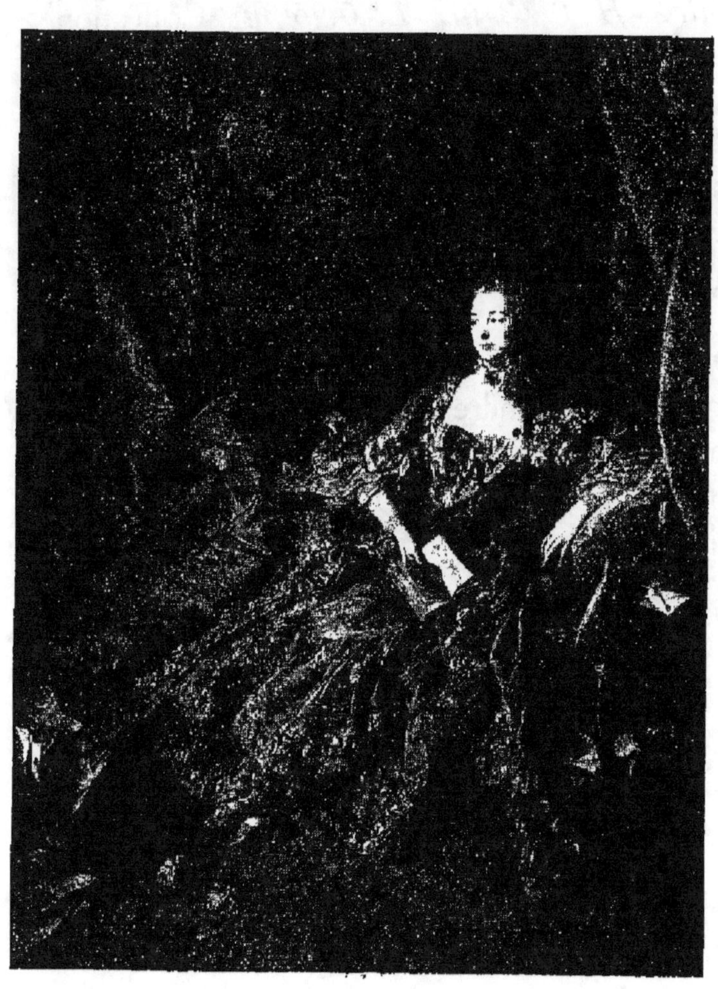

No. 78.   Boucher.

56. Robert.

Jardiniers et Paysannes dans un parc. *Huile.
Toile. H 0,73 m. L. 0,95 m.* Collection
de M. le Baron Maurice de Rothschild, Paris.

57. Greuze.

L'architecte Gabriel. *Huile. Toile. 0,63 m.
L. 0,52 m.* Collection de M. le Baron
de Schlichting, Paris.

58. Roslin.

Monsieur de Flandre de Brunville, conseiller du
Roi. *Huile. Toile. H. 1,47 m. L. 1,14 m.*
Collection de Mme la Comtesse de Cossé-
Brissac, Paris.

59. Greuze.

Le graveur Wille. *Huile. Toile. H. 0,60 m.
L. 0,50 m.* Coll. de M. Édouard André, Paris.

60. Chardin.

Le petit Oranger. *Huile. Toile. H. 0,60 m.
L. 0,50 m.* Collection de Son Altesse Royale
le Grand-Duc de Bade.

61. Pater.

Danseuse. *Huile. Bois. H. 0,28 m. L. 0,21 m.*
Collection de Son Altesse Royale le Grand-Duc
de Hesse.

62. Fragonard.

La Toilette de Vénus. *Huile. Toile. H. 0,73 m.
L. 0,60 m.* Collection de M. J. Peytel, Paris.

63. Pater.

Fête en plein air. *Huile. Toile. H. 0,90 m.
L. 1,30 m.* Signé: Pater 1733. Collection
de Sa Majesté l'Empereur.

64. Danloux.

Mlle Rosalie Duthé de l'Opéra. *Huile. Toile.
H. 0,73 m. L. 0,58 m.* Collection de M. Sigismond Bardac, Paris.

SALLE III.

65. Fragonard.

La bonne Mère. *Huile. Toile. Ovale. H.0,49 m. L. 0,39 m.* Collection de M. A. Veil-Picard, Paris.

66. Watteau.

Gilles, Scaramouche, Scapin et Arlequin. *Huile. Toile. H. 1,27 m. L. 0,92 m.* Collection de Mme Jules Porgès, Paris.

67. Lancret.

Le jeu de Colin-Maillard. *Huile. Toile. H. 0,97 m. L. 1,29 m.* Signé: Lancret f. Collection de Sa Majesté l'Empereur.

68. Watteau.

L'amour paisible. *Huile. Toile. H. 0,56 m. L. 0,81 m.* Collection de Sa Majesté l'Empereur.

69. Pesne.

Portrait d'une jeune fille. *Huile. Toile. H. 0,88 m. L. 0,64 m.* Collection de M. le professeur Dr. Ludwig Knaus, Berlin.

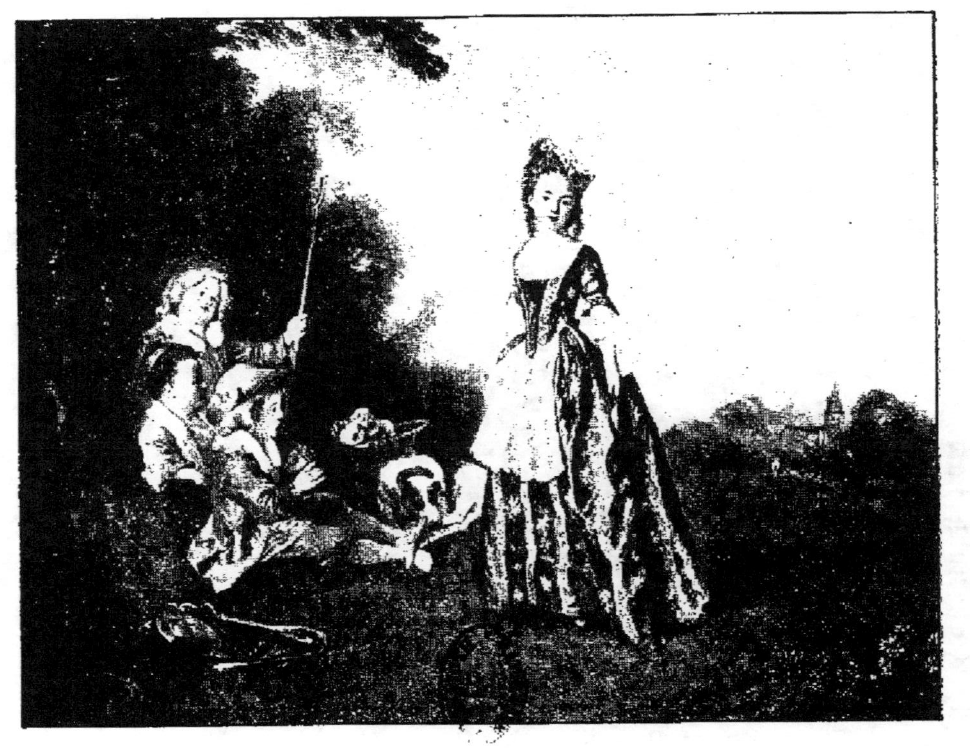

No. 75.   Watteau.

70. Watteau.

La Femme au tournesol. *Huile. Toile. H. 0,64 m. L. 0,81 m.* Collection de M. le Baron Maurice de Rothschild, Paris.

71. Pesne.

La famille du peintre. Daté de 1718. *Huile. Toile. H. 2,75 m. L. 2,35 m.* Collection de Sa Majesté l'Empereur.

72. Pater.

La réunion devant le mur d'un parc. *Huile. Toile. H. 0,66 m. L. 0,82 m.* Collection de Sa Majesté l'Empereur.

73. Danloux.

Madame de Nozières. *Huile. Toile. H. 0,88 m. L. 0,68 m.* Collection de M. le Prince A. d'Arenberg, Paris.

74. Watteau.

Le Concert. *Huile. Toile. H. 0,46 m. L. 0,62 m.* Collection de Sa Majesté l'Empereur.

75. Watteau.

La Danse. *Huile. Toile. H. 0,97 m. L. 1,16 m.* Collection de Sa Majesté l'Empereur.

76. David.

Le sculpteur Caffieri. Signé et daté 1787.
H. 1,30 m. L. 0,98 m. Collection de M. le
Comte de La Riboisière, Paris.

77. Pajou.

La Grande-Duchesse Natalie de Russie. *Buste
en bronze. H. 0,82 m.* Collection de Son
Altesse Royale le Grand-Duc de Hesse.

78. Boucher.

La Marquise de Pompadour. Signé et daté
1758. *Huile. Toile. H. 2,15 m. L. 1,65 m.*
Collection de M. le Baron Maurice de Rothschild, Paris.

79. Houdon.

Buste du Prince Henri de Prusse, frère de
Frédéric le Grand. *Buste en bronze.*
H. 0,84 m. Signé: Fondu ciselé par Chomire
d'après le modèle de Mr Houdon 1789.
Collection de Sa Majesté l'Empereur.

80. Largillière.

Portrait d'un homme. *Huile. Toile. H. 1,39 m.*
L. 1,07 m. Collection de M. Wildenstein, Paris.

81. Boucher.

Vénus, Mercure et l'Amour. *Huile. Toile.*
H. 1,18 m. L. 1,34 m. Signé: Boucher 1842.
Collection de Sa Majesté l'Empereur.

82. Lancret.

Le montreur de boîte d'optique. *Huile.*
Bois. H. 0,53 m. L. 0,78 m. Collection
de Sa Majesté l'Empereur.

83. Nattier.

La dame à l'œillet. *Huile. Toile. H. 0,80 m.*
L. 0,65 m. Collection de Mme la Baronne
Henri de Rothschild, Paris.

84. Lancret.

La Danse devant la Fontaine de Pégase. *Huile.*
Toile. H. 0,76 m. L. 1,07 m. Collection de
Sa Majesté l'Empereur.

85. Labille-Guiard.

L'artiste avec deux élèves. *Huile. Toile.*
H. 2,10 m. L. 1,53 m. Collection de M. Wildenstein, Paris.

86. Lancret.

La danseuse Camargo. *Huile. Toile. H. 0,76 m.*
L. 1,06 m. Collection de Sa Majesté l'Empereur.

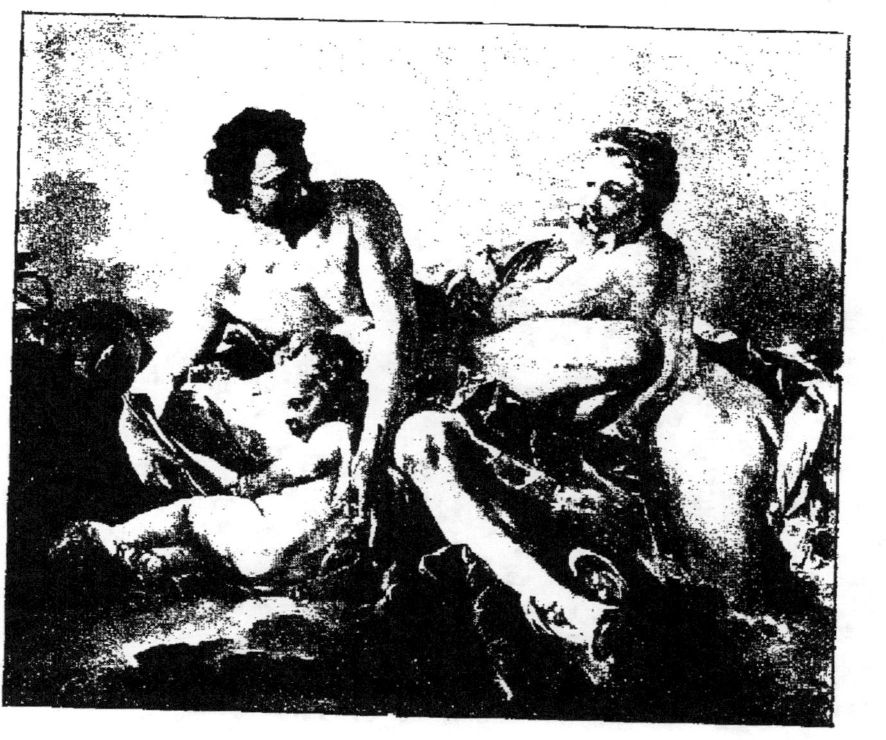

No. 81. Boucher.

87. Watteau.

Elisabeth Desfontaines, la femme du sculpteur A. Pater. *Huile. Toile. H. 0,73 m. L. 0,61 m.* Collection de M. A. Reyre, Paris.

88. Watteau.

Les Comédiens français. *Huile. Toile. H. 0,57 m. L. 0,73 m.* Collection de Sa Majesté l'Empereur.

89. Robert.

Lavandières. *Huile. Toile. H. 1,08 m. L. 1,38 m.* Collection de M. Sigismond Bardac, Paris.

90. Subleyras.

Le prince électoral Frédéric Chrétien de Saxe. *Huile. Toile. H. 1,24 m. L. 0,95 m.* Collection de Sa Majesté le Roi de Saxe.

91. Duplessis.

Le Ministre Necker. *Huile. Toile. H. 0,49 m. L. 0,40 m.* Collection de M. le Comte M. de Camondo, Paris.

SALLE IV.

Dessins, Gravures et Eaux-fortes.

principalement de la Collection de Son Exc.
M. Jules Cambon, Ambassadeur de la France
à Berlin, et du Musée des Arts industriels
à Berlin; Tapisseries.

92. Cochin.
Le Théâtre de Louis XV à Marly. *Dessin.*

93. Moreau.
Cadre pour un programme de théâtre 1779.
Dessin.

94. Oppenord.
Esquisse pour un panneau. *Dessin.*

95. Le Bas.
La toilette du matin, d'après Chardin.

96. Crépy fils.
L'Aventurière, d'après Watteau.

97. Lépicié.
La Maîtresse d'école, d'après Chardin.

98. Cochin.

Fille aux cerises, d'après Chardin.

99. Flipart.

Le Paralytique servi par ses enfants, d'après
Greuze.

100. Lépicié.

La Mère laborieuse, d'après Chardin.

101. Audrin.

L'Enchanteur, d'après Watteau.

102. Oppenord.

Esquisse pour un panneau. *Dessin.*

103. Natoire.

Paysage. *Dessin.*

104. Gillot.

Esquisse pour un panneau. *Aquarelle colorié.*

105. Fillœul.

La Courtisane amoureuse, d'après Pater.

106. de Launay.

i   bonne mère, d'après Fragonard.

107. Charpentier.

La Culbute, d'après Fragonard.

108. Moreau le jeune.

Le Couché de la mariée, d'après Baudouin.

109. Sirois.

La Danse, d'après Watteau.

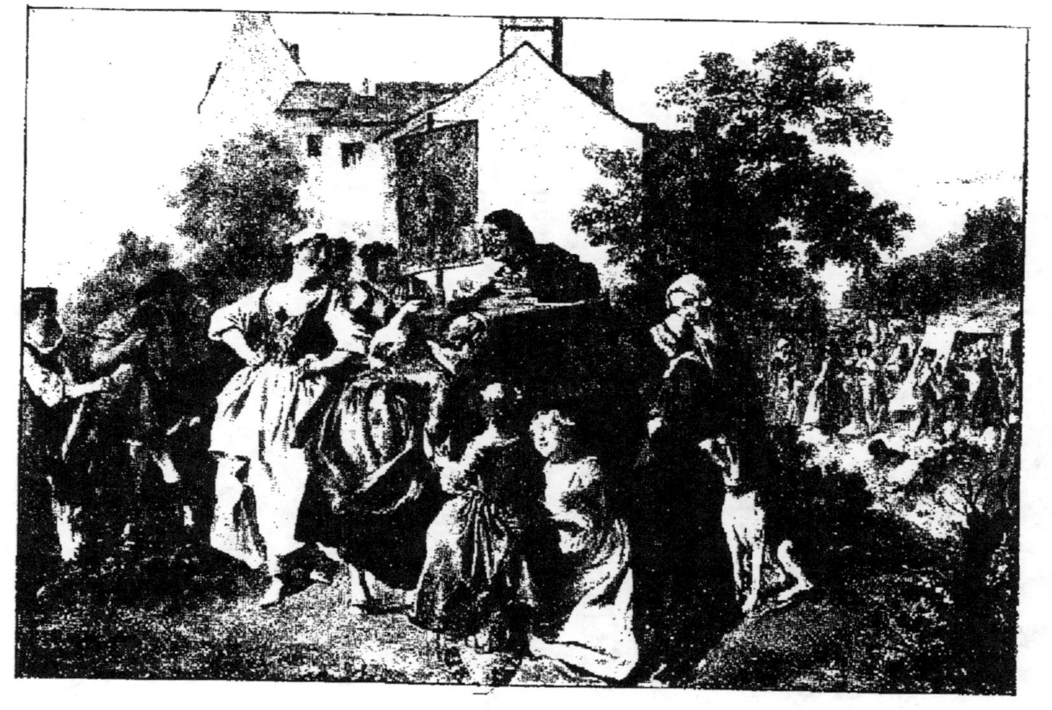

No. 82.   Lancret.

110. Cherau.

Marie Princesse de Pologne, reine de France et Navarre, d'après Vanloo.

111. Bonnat.

Louis XV.

112. Watteau.

Troupe italienne. *Eau-forte.*

113. Larmessin.

Louis XV., d'après Vanloo.

114. Cars.

Escorte d'équipages, d'après Watteau.

115. Thomassin.

Arlequin amoureux, d'après Watteau.

116. Tardieu.

Le berger indécis, d'après Lancret.

117. Casanova.

L'Optique, d'après Boilly.

118. Eisen.

4 Frontispices.

119. Patas.

Illustration pour La Fontaine, d'après Fragonard.

120. Delafosse.

Esquisse pour une cheminée. *Dessin.*

121. Dupuis.

Amusement de la Jeunesse, d'après Eisen.

122. Inconnu, vers 1740.

Esquisse pour un éventail. *Aquarelle.*

123. Janinet.

Bacchante endormie, d'après Charlier.

124. Flipart.

L'oiseau favori mort, d'après Greuze.

125. Carmona.

Joies de la Jeunesse, d'après Eisen.

126. Gillot.

Esquisse pour un panneau. *Dessin.*

127. Oppenord.

Esquisse pour une fontaine. *Dessin.*

128. Ficquet.

Portraits de Voltaire et Rousseau, d'après de la Tour.

129. de Launay.

Les Adieux, d'après Moreau.

130. Neilson.

Écran *en tapisserie.* Signé: Neilson ex.

131. d'après Casanova.

Halte d'une troupe. *Tapisserie* de la Manufacture de Beauvais. *H. 0,79 m. L. 0,61 m.*

132. d'après Casanova.

Reconnaissance de cavalerie. *Tapisserie* de la Manufacture de Beauvais. *H. 0,67 m. L. 0,54 m.*

133. Saint-Aubin.

Le Ministre Necker, d'après Duplessis.

134. Schmidt.

J. B. Silva, d'après Rigaud.

135. d'après Casanova.

Garde française. *Tapisserie* de la Manufacture
de Beauvais. *H. 0,77 m. L. 0,61 m.*

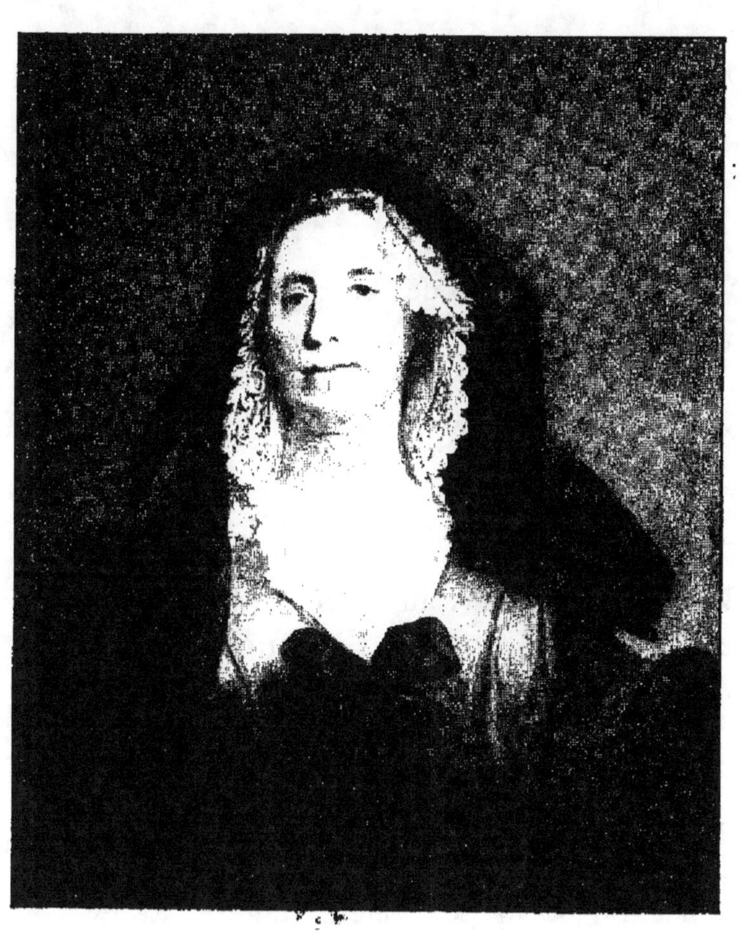

No. 87.   Watteau.

SALLE V.

136. Nattier.

Madame de Crozat de Thiers. *Huile. Toile.* Signé: Nattier pinxit 1741. *H. 0,87 m. B. 0,67 m.* Collection de Messieurs Agnew & Sons, Londres et Berlin.

137. Pater.

Scène galante dans un parc. *Huile. Toile. H. 0,53 m. L. 0,68 m.* Collection de M. Hermann Frenkel, Berlin.

138. Fragonard.

La Liseuse. *Huile. Toile. H. 0,81 m. L. 0,65 m.* Collection de M. le docteur Tuffier, Paris.

139. Lancret.

Danse champêtre. *Huile. Toile. H. 0,51 m. L. 0,68 m.* Collection de M. Hermann Frenkel, Berlin.

140. Nattier.
Portrait de la Marquise de l'Hôpitale. *Huile.*
Toile. Signé: Nattier px. 1739. Collection
de M. Albert de Goldschmidt-Rothschild, Berlin.

141. Boucher.
La Fontaine en campagne. *Grisaille. Bois.*
H. 0,42 m. L. 0,35 m. Collection M. de Mau-
rice Fenaille, Paris.

142. Fragonard.
La Visite chez la nourrice. *Huile. Toile.*
H. 0,32 m. L. 0,40 m. Collection de Mme
Louis Stern, Paris.

143. David.
Portrait de l'artiste. Signé et daté 1791.
Huile. Toile. H. 0,66 m. L. 0,57 m.
Collection de M. le Marquis de la Ferronays,
Paris.

144. Rigaud.
Charles, Armand, Duc de Biron, Maréchal de
France. *Huile. Toile. H. 1,46 m L. 1,14 m.*
Collection de M. le Marquis de Biron, Paris.

145. Drouais.

Portrait d'un jeune garçon. *H. 0,55 m. L. 0,46 m.* Collection de Mme la Baronne de Rothschild, Paris.

146. Boucher.

Femme couchée (Mlle Victoire O'Murphy). *H. 0,53 m. L. 0,66 m.* Collection de M. le Baron Maurice de Rothschild, Paris.

147. Duplessis.

Portrait de Femme. *Huile. Toile. Ovale. H. 0,73 m. L. 0,60 m.* Collection de Son Excellence M. Jules Cambon, Ambassadeur de la France à Berlin.

148. Drouais.

Hérault de Séchelles, Président du Parlement, enfant. *Huile. Toile.* Daté 1763. *H. 0,72 m. L. 0,60 m.* Collection de M. le docteur Magyre, Paris.

149. Nattier.

Madame Marsollier, nommée Comtesse de St. Pierre, et sa fille. Daté 1750. *Huile. Toile. H. 1,60 m. L. 1,10 m.* Collection de Mme Jules Porgès, Paris.

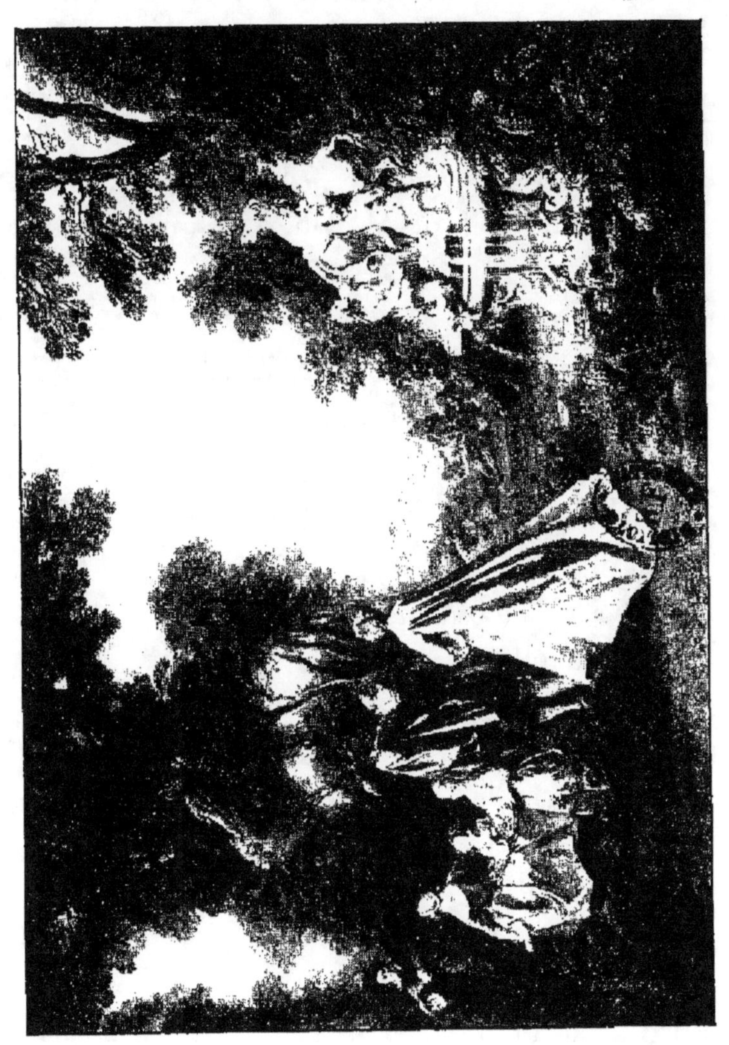

No. 84.   Lancret.

150. Inconnu.

Scène dans un parc. *Huile. Toile. H. 0,26 m. L. 0,31 m.* Collection de M. le docteur de Schwabach, Berlin.

151. Drouais.

La Du Barry. *Huile. Toile. H. 0,58 m. L. 0,47 m.* Coll. de M. Albert Lehmann, Paris.

152. Boucher.

Offrande à Diane. *Grisaille. Bois. H. 0,42 m. L. 0,35 m.* Coll. de M. Maurice Fenaille, Paris.

153. Watteau (Pater?).

La Toilette. *Huile. Toile. H. 0,46 m. L. 0,55 m.* Collection de M. le Duc d'Arenberg, Bruxelles.

154. Schalles.

Danse dans un parc. *Huile. Toile. H. 0,41 m. L. 0,32 m.* Collection de Mme la Marquise de Ganay, Paris.

155. Danloux.

Portrait de Femme. *Huile. Toile. H. 1,12 m. L. 0,90 m.* Collection de M. Albert Lehmann, Paris.

156. Watteau.

Scène nuptiale dans la maison des Ducs d'Aren-berg. *Huile. Toile. H. 0,65 m. L. 0,91 m.*
Collection de M. le Duc d'Arenberg, Bruxelles.

157. Roslin.

La Comtesse de Bonneval, née Biron. *Huile. Toile. H. 0,76 m. L. 0,64 m.* Collection
de M. le Chevalier de Stuers.

158. Watteau (Pater?).

Femmes au bain. *Huile. Toile. H. 0,96 m. L. 0,56 m.* Collection de M. le Duc d'Aren-berg, Bruxelles.

159. Drouais.

Petite Fille. *Huile. Toile. H. 0,38 m. L. 0,31 m.*
Collection de Mme Louis Stern, Paris.

160. Nattier.

Louise-Anne de Bourbon Condé, nommée Mlle Charolais. *Huile. Toile. H. 0,84 m. L. 0,65 m.* Collection de M. le Baron de Courcel, Paris.

161. Robert.

Monuments antiques. Signé et daté 1757. *Huile. Toile. H. 0,44 m. L. 0,55 m.* Collection de M. Albert Lehmann, Paris.

162. Drouais.

Le Général Alexandre Vicomte de Beauharnais, enfant. *Huile. Toile. H. 0,73 m. L. 0,57 m.* Collection de M. Fitzhenry, Paris.

163. Lebrun.

La Comtesse du Barry. *Huile. Bois. H.0,86 m. L. 0,66 m.* Collection de Mme la Duchesse de Rohan, Paris.

164. Lépicié.

Le Marché. *Huile. Toile. H.0,99m. L.1,63m.* Collection de M. le Marquis de la Ferronays, Paris.

165. Lebrun.

Lady Hamilton. *Huile. Toile. H. 2,20 m. L.1,40 m.* Signé et daté Rome 1792. Collection de Mme la Comtesse Edmond de Pourtalès, Paris.

166. Lebrun.

L' Impératrice Elisabeth de Russie. *Huile. Toile. H.0,78m. L.0,67m.* Collection de Son Altesse Royale le Grand-Duc de Hesse.

167. Lebrun.

Portrait de Marie Antoinette. *Huile. Toile. H. 0,65 m. L. 0,54 m.* Collection de M. le Duc d'Arenberg, Bruxelles.

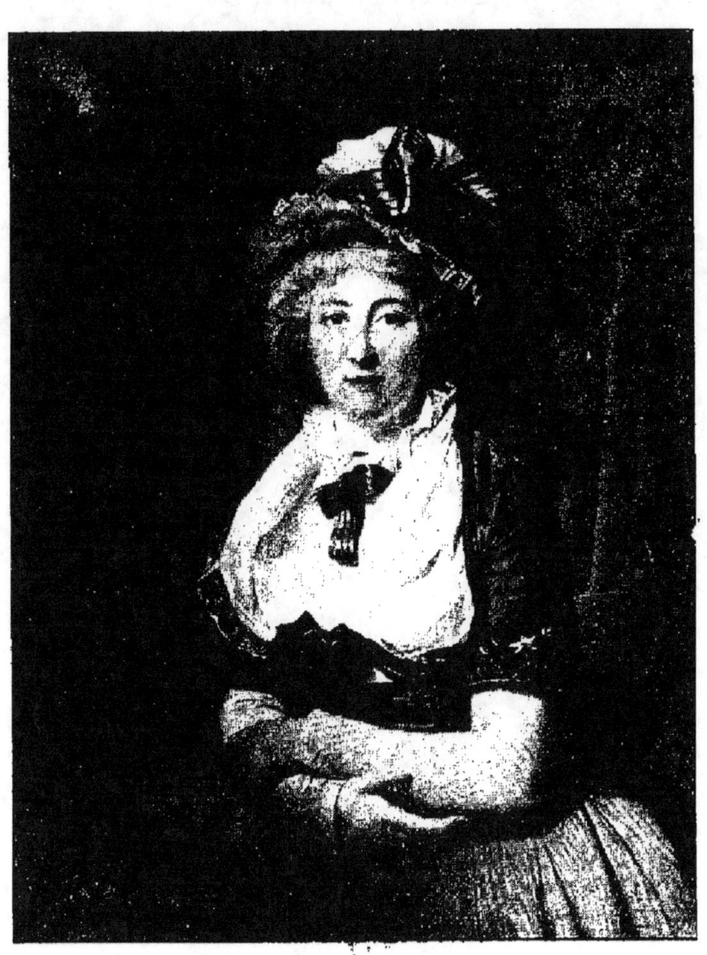

No. 155.   Danloux.

168. Robert.

Le temple de la Sibylle. *Huile. Toile. H.0,44 m. L. 0,55 m.* Collection de M. Albert Lehmann, Paris.

169. Van Loo.

Portrait de Mme Jaucourt. *Huile. Toile. H.0,65 m. L. 0,53 m.* Collection de Mme la Marquise de Jaucourt, Paris.

SALLE VI.

170. Fragonard.

Le Déjeuner de l'âne. *H. 0,35 m. B. 0,46 m.*
Collection de M. Noël Bardac, Paris.

171. Fragonard.

La Femme à la colombe. *Dessin.* Collection
de Mme la Baronne James de Rothschild, Paris.

172. Fragonard.

La Visite à la nourrice. *Dessin.* Collection
de M. le prince A. d'Arenberg, Paris.

173. Fragonard.

L'amant couronné. *Dessin.* Collection de
M. le docteur Tuffier, Paris,

174. Fragonard.

Paysage. *Dessin.* Collection de M. Gaston
Menier, Paris.

175. Fragonard.

La Distribution du pain. *Dessin.* Collection
de M. Gaston Menier, Paris.

176. Fragonard.

Le Taureau. *Dessin.* Collection de M. le Duc
Decazes, Paris.

177. Fragonard.

Paysage italien. *Dessin.* Collection de M. le
Comte Greffulhe, Paris.

178. Boilly.

Deux jeunes Filles en costume du Directoire.
Collection de M. Albert Lehmann, Paris.

179. Rigaud.

Portrait de Charles de St. Albin, fils de
Philippe II, régent de France. Daté 1724. *Dessin.*
Collection de M. le docteur Tuffier, Paris.

180. Drouais.

Portrait de la Comtesse du Barry. *Dessin.*
Collection de M. le docteur Tuffier, Paris.

181. Drouais.

Tête d'une femme. Collection de Mme la
Baronne James de Rothschild, Paris.

182. Latour.

Portrait d'homme. *Dessin.* Collection de
M. Flameng, Paris.

183. Vestier.

Portrait d'Elisabeth Philippe Marie Hélène
de France, sœur de Louis XVI. *Dessin.*
Collection de Mme Louis Stern, Paris.

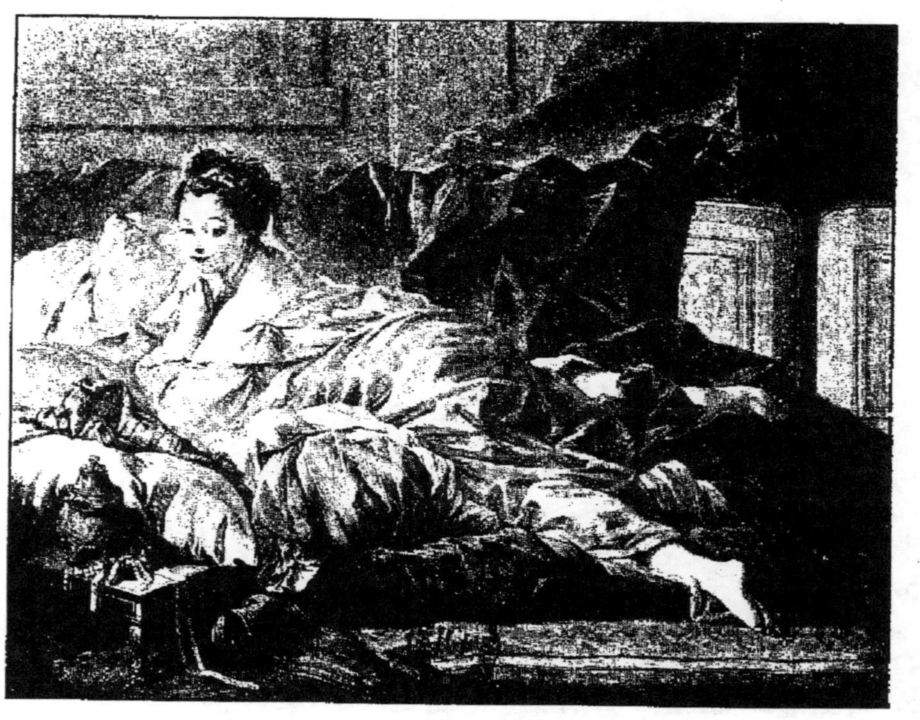

No. 146.   Boucher.

184. Latour.

L'Abbé Pommier. *Dessin.* Collection de M. Flameng, Paris.

185. Portail.

Jeune Fille. *Dessin.* Collection de M. Noël Bardac, Paris.

186. Moreau.

Cadre du répertoire des spectacles de la Cour 1779. Königliches Kunstgewerbemuseum, Berlin.

187. Lemoyne.

Mlle Duthé. *Dessin.* Collection de M. A. Lehmann, Paris.

188. Saint-Aubin.

Le Temps. *Dessin.* Daté 1770. Collection de M. Léon Bonnat, Paris.

189. Portail.

Blanchisseuse. *Dessin.* Collection de M. Noël Bardac, Paris.

190. Boucher.

Femme nue. *Dessin.* Collection de M. Gaston Menier, Paris.

191. Moreau.

Le Palais Bourbon. Collection de M. le Baron de Courcel, Paris.

192. Boucher.
Amours. *Dessin.* Collection de M. le Comte
Greffulhe, Paris.

193. Greuze.
Amour maternel. *Dessin.* Collection de M. le
docteur Tuffier, Paris.

194. Guérin.
Portrait du Baron de Faviers. *Dessin.* Collection de Mme la Baronne de Berckheim, Paris.

195. Guérin.
Portraits de Mme la Baronne de Franck, de ses
filles et d'une cousine. *Dessin.* Collection
de Mme la Baronne de Berckheim, Paris.

196. Debucourt.
Fête champêtre. Collection de M. le Comte
Greffulhe, Paris.

197. Cochin.
Audience de l'Ambassadeur turc Saïd Mehemed
chez Louis XV à Versailles janvier 1740. *Dessin.*
Collection de M. Pierre Decourcelle, Paris.

198. Watteau.
Femmes assises à terre. Collection de M. Léon
Bonnat, Paris.

199. Fragonard.

La Résignée. *Dessin.* Collection de M. Pierre Decourcelle, Paris.

200. Watteau.

Trois Têtes de femmes. *Dessin.* Collection de M. le docteur Tuffier, Paris.

201. Watteau.

Hommes avec des chats. *Dessin.* Collection de M. Léon Bonnat, Paris.

203. Chalgrin.

Salle bâtie à Versailles à l'occasion du mariage du Dauphin avec Marie Antoinette (16. Mai 1770). Collection de M. le docteur Tuffier, Paris.

204. Watteau.

Femme debout. *Dessin.* Collection de M. Léon Bonnat, Paris.

205. Watteau.

Un mezzetin dansant. *Dessin.* Collection de M. Gaston Menier, Paris.

206. Moreau et Gabriel.

Fête de nuit. *Dessin.* Collection de M. le Comte Greffulhe, Paris.

207. Clodion.

Études pour basreliefs. *Dessin.* Collection de M. Léon Bonnat, Paris.

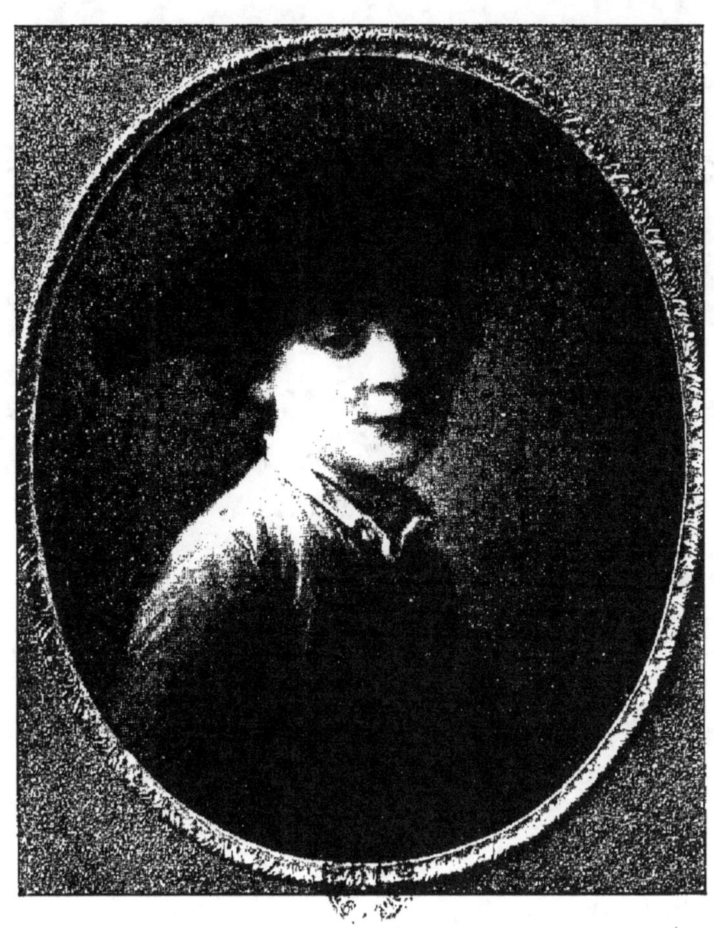

No. 145. Drouais.

SALLE VII.

208. Latour.

Portrait du Comte Maurice de Saxe. *Pastel.* *Toile.* H. 0,64 m. L. 0,54 m. Galerie Royale, Dresde.

209. Silvestre.

Henri Comte Brühl. *Huile.* *Toile.* Collection de M. le Comte Brühl, Pförten.

210. Lebrun.

Marie Elisabeth, sœur du Roi Louis XVI. *Huile.* *Toile.* H. 0,92 m. L. 0,70 m. Collection de Son Altesse Royale Don Jaime de Bourbon, Duc de Madrid, Schloss Frohsdorf.

211. Latour.

Portrait de Marie-Josepha. *Pastel.* H. 0,66 m. L. 0,55 m. Galerie Royale, Dresde.

212. d'après Coypel.

Le sacrifice d'Iphigénie. *Gobelin.* H. 4,20 m. L. 6,50 m. Propriété de l'État Français.

213. Warin.
Armand Jean du Plessis, Duc de Richelieu.
Buste en bronze. H. 0,84 m. Museé royale
des Sculptures, Dresde.

214. Watteau.
Les Singes aimant la musique. *Huile.*
H. 0,52 m. L. 0,96 m. Collection de M.
J. Peytel, Paris.

215. d'aprés Duplessis.
Marie - Antoinette. *Gobelin. H. 0,66 m.*
L. 0,54 m. Collection de M. le Prince
A. d'Arenberg, Paris.

216. Rigaud.
J. B. Silva. *Huile. Toile. H. 0,82 m.*
L. 0,65 m. Collection de Son Excellence
M. le Comte de Seckendorff, Berlin.

217. Tourniére.
Louis Dauphin, père de Louis XVI. *Huile.*
Toile. H. 1,36 m. L. 1,05 m. Collection de
Son Altesse Royale Don Jaime de Bourbon,
Duc de Madrid, Schloss Frohsdorf.

218. Drouais (?).

Portrait de Christian IV, Duc de Deux-Ponts.
Collection de Mme la Princesse Otto Sayn-
Wittgenstein-Berleburg.

219. Greuze.

L'Écouteuse. *Huile. Bois. H. 0,15 m.
L. 0,37 m.* Collection de Son Excellence
Mme la Comtesse Harrach, Berlin.

220. Kokarski.

Portrait de Marie Antoinette. *Huile. Bois.
H. 0,28 m. L. 0,24 m.* Collection de M. le
Duc d'Arenberg, Bruxelles.

221. Nattier.

La Duchesse de Condé. *Huile. Toile. H. 0,98 m.
L. 0,76 m.* Coll. de Son Altesse Royale la
Princesse Friedrich Carl de Hesse.

222. Nattier.

Marie Lescinska, épouse de Louis XV. *Huile.
Toile. H. 1,85 m. L. 1,46 m.* Collection de
Son Altesse Royale Don Jaime de Bourbon,
Duc de Madrid, Schloss Frohsdorf.

223. La Tour (de Troy?).

Portrait d'un homme. *Huile. Toile. H. 0,97 m.
L. 0,76 m.* Collection de Son Altesse Royale
la Princesse Friedrich Carl de Hesse.

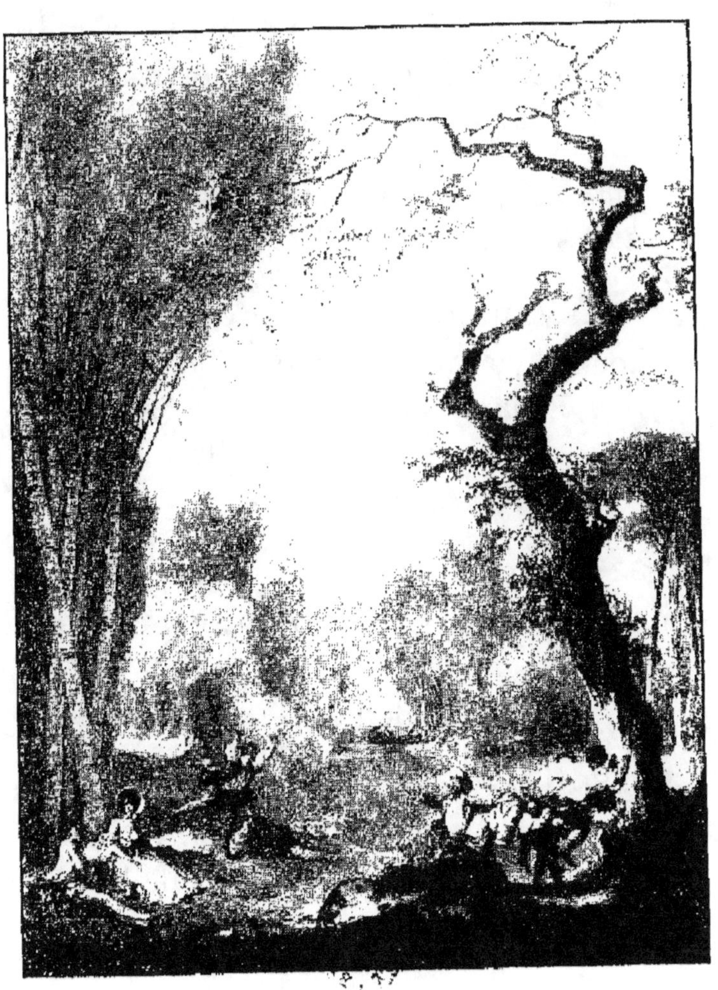

No. 317. Fragonard.

224. Largillière.

Portrait de l'artiste. *Huile. Toile. H. 0,82 m. L. 0,66 m.* Collection de Son Altesse Royale la Princesse Friedrich Carl de Hesse.

225. Greuze.

Tête d'une jeune fille. *Huile. Toile. H. 0,45 m. L. 0,37 m.* Coll. de M. Karl v. Heydt, Berlin.

226. Vanloo.

Louis XV, enfant. *Huile. Toile. H. 2,30 m. L. 1,57 m.* Collection de Son Altesse Royale Don Jaime de Bourbon, Duc de Madrid, Schloss Frohsdorf.

227. Greuze.

Tête d'une jeune fille. *Huile. Toile. H. 0,39 m. L. 0,31 m.* Collection de M. le docteur de Schwabach, Berlin.

228. Tocqué.

Un Gentilhomme. *Huile. Toile. H. 0,78 m. L. 0,64 m.* Collection de Mme de Friedländer-Fuld, Berlin.

SALLE VIII.

229. Tournière.

Portrait d'homme. *Huile. Toile. H. 0,81 m. L. 0,65 m.* Collection de Son Excellence le Comte de Seckendorff, Berlin.

230. Le Prince.

La Princesse Czartorisca. *Huile. Toile. H. 0,47 m. L. 0,35 m.* Signé: Le Prince 1769. Collection de M. Jules Model, Berlin.

231. Boilly.

Le sculpteur Houdon dans son atelier. *Huile. Toile. H. 0,88 m. L. 1,15 m.* Collection du Musée des arts décoratifs, Paris.

232. Prudhon.

La Duchesse de Talleyrand à l'âge de 23 ans. *Huile. Toile. H. 0,57 m. L. 0,48 m.* Signé. Collection de Mme la Comtesse Jean de Castellane, Paris.

233. Drouais.

Portrait de femme. *Huile. Toile. H. 0,45 m. L. 0,37 m.* Signé: Drouais 1769. Collection de M. le Prince Biron de Curland, Gross-Wartenberg.

234. Largillière.

Portrait de femme. *Huile. Toile. H. 0,79 m. L. 0,63 m.* Collection de Son Altesse le Prince Carl Max de Lichnowsky, Kuchelna.

235. Parrocél.

Homme marchant. *Dessin.*

236. Saint-Aubin.

Dame se démasquant. *Dessin.*

237. Cochin.

Mars et Vénus. *Dessin.*

238. Greuze.

Tête de femme. *Dessin.*

239. Nini.

25 Médailles en un cadre. Collection de S. Exc. M. le Comte de Seckendorff, Berlin.

240. Natoire.

La Villa Madama. *Dessin.*

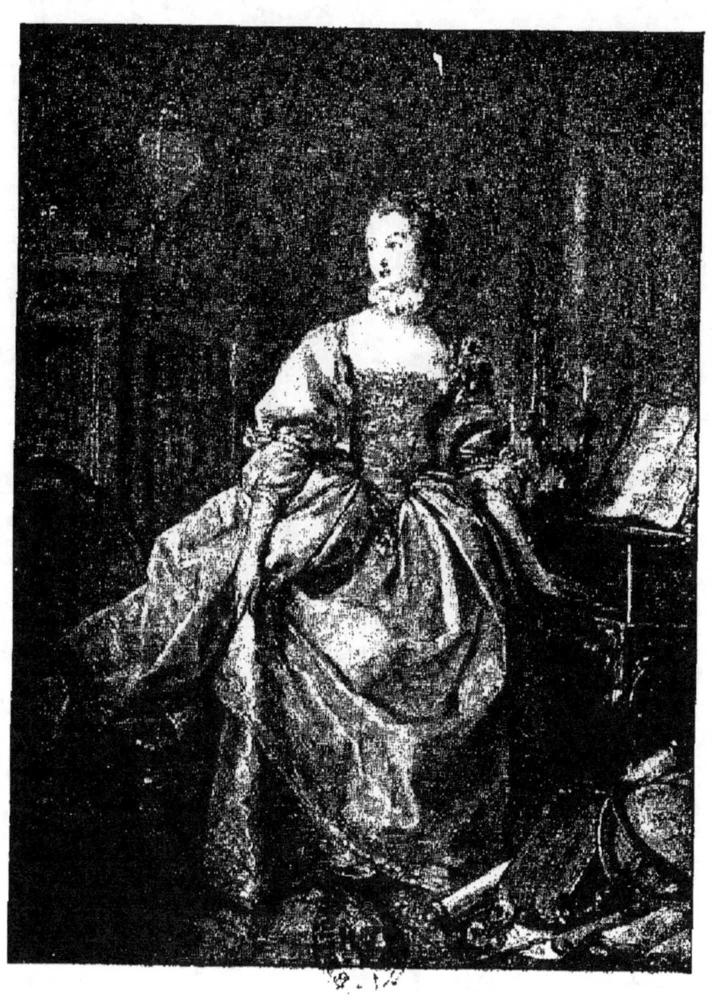

No. 295. Boucher.

244. Rigaud.

François Gigot de la Peyronie, médecin de Louis XV. *Huile. Toile. H. 1,46 m. L. 1,16 m.* Collection de M. le docteur Tuffier, Paris.

245. d'après Coypel.

Enée et Didon. *Gobelin. H. 4,20 m. L. 6,60 m.* Propriété de l'État Français.

246. Rigaud.

Le Cardinal Dubois. *Huile. Toile. H. 1,47 m. L. 1,15 m.* Coll. de M. Édouard Kann, Paris.

247. Pesne.

Le peintre Wiedemann, Directeur de l'Académie des Arts de Berlin. *Pastel. Toile. H. 0,60 m. L. 0,45 m.* Académie Royale des Arts, Berlin.

248. Perronnau.

Portrait d'homme. *Pastel. H. 0,67 m. L. 0,54 m.* Collection de Son Excellence le Comte de Seckendorff, Berlin.

249. Lebrun.

Marie Antoinette. *Huile. Toile. H. 1,51 m. L. 1,18 m.* Collection de Son Altesse Royale Don Jaime de Bourbon, Duc de Madrid, Schloss Frohsdorf.

250. Prudhon.

Le Prince Talleyrand. Signé. En haut l'inscription: Charles Maurice de Talleyrand-Perigord, Prince de Benevent, Vice-Chancelier de l'Empire, peint par Prudhon en 1806. *Huile. Toile. H. 2,20 m. L. 1,40 m.* Collection de Madame la Comtesse Jean de Castellane, Paris.

251. Tocqué.

Portrait d'homme. *Huile. Toile. H. 1,46 m. L. 1,16 m.* Collection de M. Édouard Kann, Paris.

252. Vanloo.

Mlle Clairon en Médée. *Huile. Toile. H. 2,28 m. L. 3,28 m.* Signé: Carle Vanloo L'anné 1759. Collection de Sa Majesté l'Empereur.

SALLE IX.

Gravures de la Collection de M. J. Model
à Berlin.

253. Alix.

Le Général Berthier, d'après Le Gros.

254. Coypel.

Les femmes savantes.

255. Dequevauviller.

L'assemblée au Salon, d'après Lavreince

256. Saint-Aubin.

Soyez discret au moins!

257. Lavreince.

»Ah le joli petit chien.«   »Le petit conseil.«

258. Débucourt.

L'heureuse famille.

259. Gauthier-Dagoty.

Louis XV. présentant au Dauphin le portrait de Marie Antoinette.

260. Bonnet.

Le premier pas de la fortune — L'auteur favorisé de la fortune.

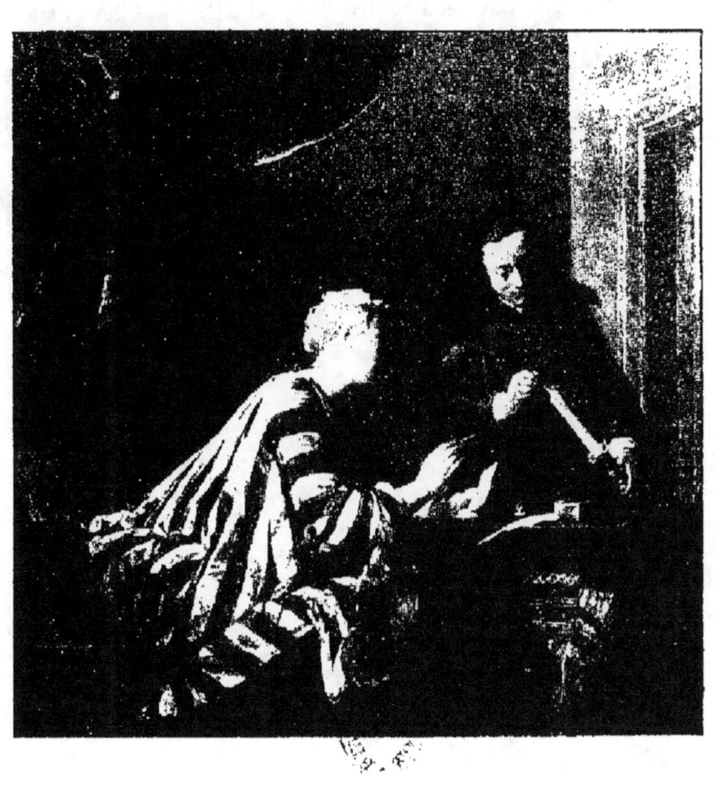

No. 303.   Chardin.

261. de Launay.
Le petit Jour, d'après Freudeberg.

262. Dequevauviller.
L'assemblée au concert, d'après Lavreince.

263. Fessard.
Dame cachetant une lettre, d'après Chardin.

264. Simonet.
Le danger du Tête-à-Tête, d'après Baudouin.

265. Le Bas.
L'assemblée galante, d'après Watteau.

266. Janinet.
L'agréable négligé, d'après Baudouin.

267. Beauvarlet.
Le comte d'Artois et sa sœur Clotilde, d'après
Drouais fils.

268. Roger.
Marie Antoinette, d'après Roslin.

269. Janinet.
Vénus en reflexion, d'après Baudouin.

270. Gaillard.
Mme Marie Louise Thérèse Victoire de France
sous la figure de l'eau, d'après Nattier.

271. de Launay.
La Consolation de l'Absence, d'après Lavreince.

272. Tardieu.

Marie Henriette de France sous la figure du »Feu«, d'après Nattier.

273. Cardon.

Mme Récamier, d'après Cosway.

274. Müller.

Louis XVI., d'après Roslin.

275. Macret.

Offrande à l'Amour, d'après Greuze.

276. Fragonard.

L'armoire.

277. Aveline.

Les charmes de la vie, d'après Watteau.

278. Duclos.

Le Concert, d'après Saint-Aubin.

279. Moreau le jeune.

Serment de Louis XVI. à son sacre à Reims.

280. Ponce.

L'Enlèvement nocturne, d'après Baudouin.

281. Decourtis.

L'amant surpris, d'après Schall.

282. Beauvarlet.

Les deux enfants du comte de Bethune, d'après Drouais fils.

283. Moreau et Simonet.

Le modèle honnête, d'après Baudouin.

284. Moreau le jeune.

La Fête royale.

285. Duclos.

Le Bal, d'après Saint Aubin.

286. Regnault.

Le Baiser à la dérobée, d'après Fragonard.

287. de Launay.

Qu'en dit l'Abbé? d'après Lavreince.

288. de Launay.

Le Carquois épuisé, d'après Baudouin.

289. Cazenave.

L'Amour couronné, d'après Boilly.

290. Regnault.

Le Serment d'amour, d'après Fragonard.

291. Bonnet.

Le Déjeuner.

292. Cazenave.

L'Optique, d'après Boilly.

293. Dupuis.

Le Glorieux, d'après Lancret.

294. de Launay.

Le Billet doux, d'après Lavreince.

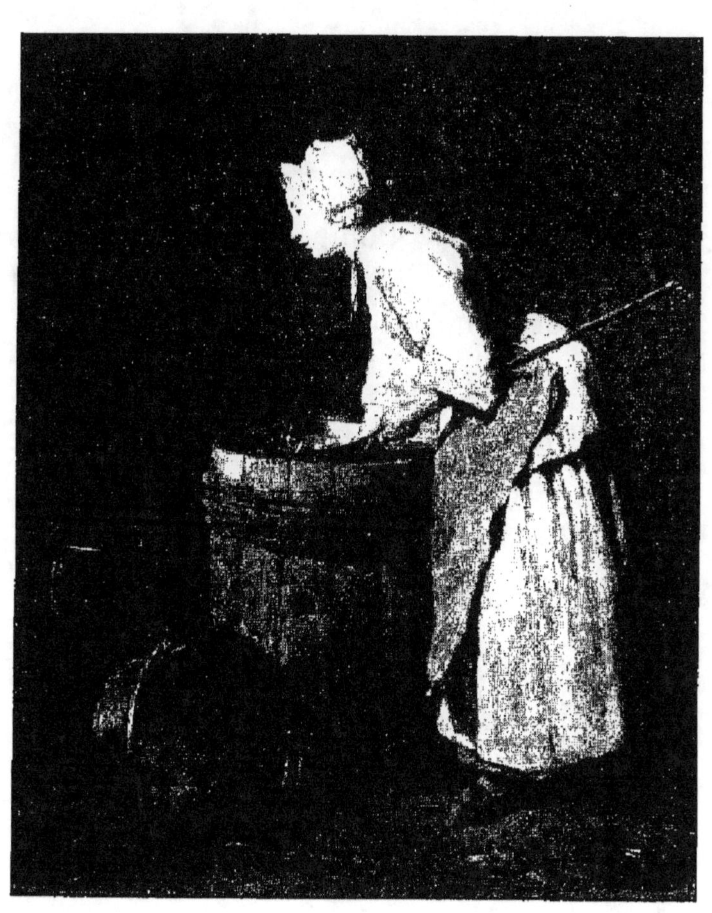

No. 305.   Chardin.

SALLE X.

295. Boucher.

La Marquise de Pompadour. *Huile. Toile.*
H. 0,59 m. L. 0,73 m. Collection de M. le
Baron de Schlichting, Paris.

296. Fragonard.

Fanchon la Vielleuse. *Huile. Toile. H. 0,43 m.*
L. 0,31 m. Collection de M. Albert Lehmann,
Paris.

297. Lancret.

Fête à Louveciennes chez Madame du Barry.
Huile. Toile. Collection de M. le Marquis
de Chaponay, Paris.

298. Chardin.

Cuisinière écorçant un orange. *Huile. Toile.*
H. 0,46 m. L. 0,37 m. Collection de Son
Altesse le Prince Johann von und zu Liechten-
stein, Vienne.

299. Boucher.

La Marquise de Pompadour. *Huile. Bois.*
H. 0,55 m. L. 0,44 m. Collection de M. le
Marquis de Chaponay, Paris.

300. Chardin.

Nature morte. *Huile. Toile sur bois.*
H. 0,19 m. L. 0,21 m. Collection de
Son Altesse Royale la Princesse Friedrich Carl
de Hesse.

301. Chardin.

Cuisinière retournant du marché. *Huile.*
Toile. H. 0,46 m. L. 0,37 m. Signé:
Chardin 1738. Collection de Son Altesse le
Prince Johann von und zu Liechtenstein,
Vienne.

302. Chardin.

La Fille à la raquette. *Huile. Toile. H. 0,82 m.*
L. 0,63 m. Collection de M. le Baron Henri
de Rothschild, Paris.

303. Chardin.

Une dame qui cachette une lettre. *Huile.*
Toile. H. 1,48 m. L. 1,47 m. Signé:
Chardin 1737. Collection de Sa Majesté
l'Empereur.

304. Chardin.

Le dessinateur. *Huile. Toile. H. 0,82 m. L. 0,64 m.* Signé: J. L. Chardin f. 1737. Collection de Sa Majesté l'Empereur.

305. Chardin.

Femme de cuisine. *Huile. Toile. H. 0,47 m. L. 0,38 m.* Collection de M. le Baron de Stumm, Holzhausen.

306. Chardin.

Les Lapins morts. *Huile. Toile. H. 0,93 m. L. 0,74 m.* Collection de Son Altesse Royale le Grand-Duc de Bade.

307. Chardin.

Nature morte. *Huile. Toile. H. 0,19 m. L. 0,21 m.* Collection de Son Altesse Royale la Princesse Friedrich Carl de Hesse.

308. Chardin.

Une cuisinière écorçant des raves. *Huile. Toile. H. 0,46 m. L. 0,37 m.* Signé 1738. Collection de Son Altesse le Prince Johann von und zu Liechtenstein, Vienne.

309. Chardin.

La Caraffe. *Huile. Toile. H.0,55 m. L.0,46 m.* Signé: J. B. Chardin. Collection de Son Altesse Royale le Grand-Duc de Bade.

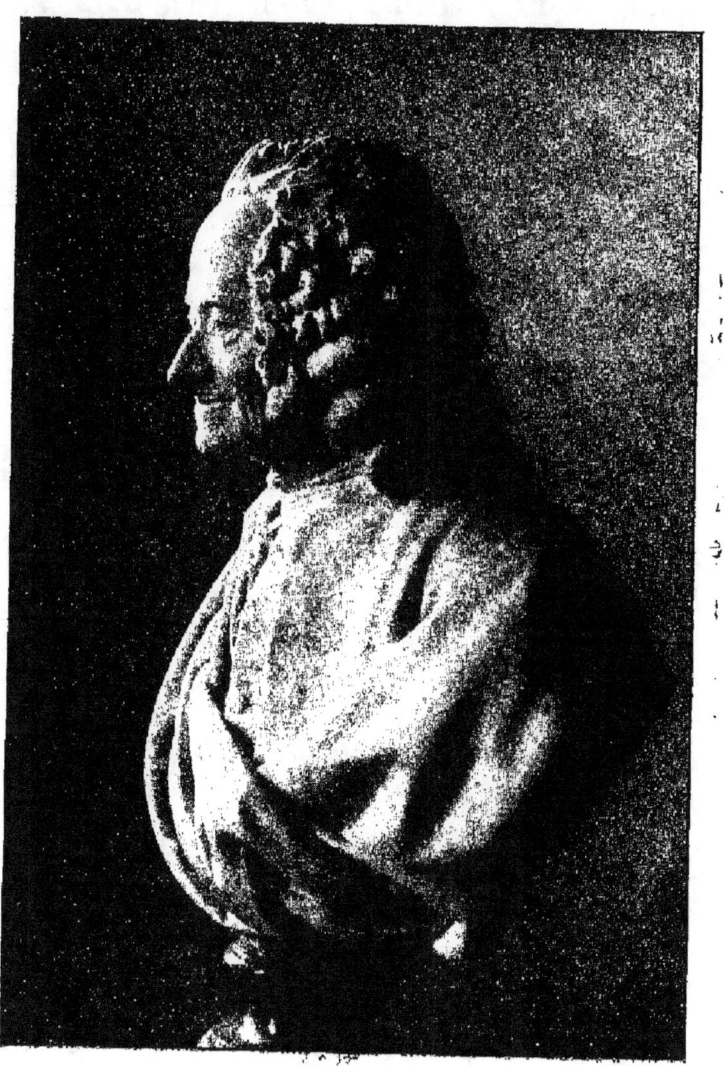

No. 32. Houdon.

310. Chardin.

Nature morte. *Huile. Toile. H. 0,32 m. L. 0,41 m.* Collection de M. le Baron Henri de Rothschild, Paris.

311. Chardin.

Portrait de Sédaine. *Huile. Toile. H. 0,46 m. L. 0,38 m.* Collection de M. le Comte Gérard de Ganay, Paris.

312. Chardin.

La Cruche d'étain. *Huile. Toile. H. 0,55 m. L. 0,76 m* Signé: Chardin. Collection de Son Altesse Royale le Grand-Duc de Bade.

313. Chardin.

Avant d'aller à l'école. *Huile. Toile. H. 0,46 m. L. 0,37 m.* Signé: Chardin 1739. Collection de Son Altesse le Prince Johann von und zu Liechtenstein, Vienne.

314. Labille–Guiard.

Elisabeth Philippe Marie Hélène de France, sœur de Louis XVI., nommée Madame Elisabeth. *Huile. Bois. H. 0,33 m. L. 0,27 m.* Collection de Mme Jules Porgès, Berlin.

315. Nattier.
Madame de Laporte en Diane. *Huile. Toile.*
H. 1,00 m. L. 0,82 m. Collection de M. Gaston
Menier, Paris.

316. Nattier.
Le Duc de Penthièvre. *Huile. Toile. H. 0,68 m.*
L. 0,57 m. Collection de M. le Duc Decazes,
Paris.

317. Fragonard.
»Le cheval fondu.« *Huile. Toile. H. 1,17 m.*
L. 0,88 m. Collection de M. le Comte
Pillet-Will, Paris.

318. Boucher.
Le Repos de Diane. *H. 0,84 m. L. 1,23 m.*
Collection de M. Noël Bardac, Paris.

319. Falconet.
Amours avec bouc. *Terre cuite. H. 0,21 m.*
Collection de M. le docteur Werner Weis-
bach, Berlin.

320. Fragonard.
»Main chaude.« *Huile. Toile. H. 1,15 m.*
L. 0,92 m. Collection de M. le Comte
Pillet-Will, Paris.

321. Lebrun.

Marie Adélaïde de France, fille de Louis XV,
nommée Madame Adélaïde. *Huile. Toile.*
H. 0,78 m. L. 0,67 m. Collection de Mme la
Marquise de Ganay, Paris.

322. Drouais.

Elisabeth Godefred, Princesse de Condé, née
Rohan-Soubise. *Huile. Toile.* Signé et
daté 1757. *H. 1,29 m. L. 0,96 m.* Collection
de M. le Baron de Schlichting, Paris.

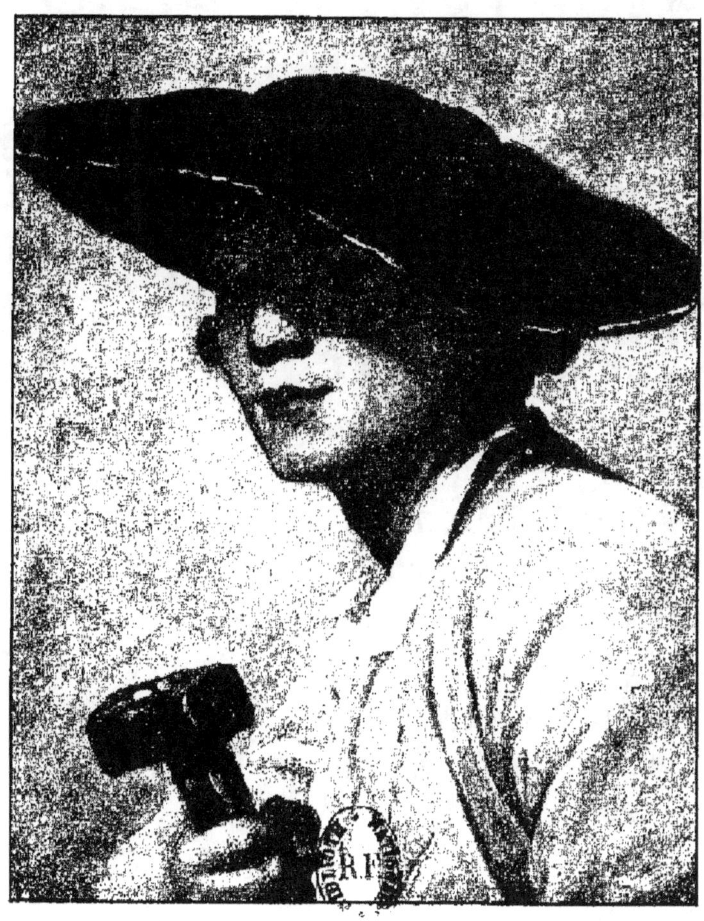

No. 311   Chardin

SALLE XI.

Gravures
de la collection de M. J. Model à Berlin.

323. Débucourt.

Les deux Baisers.

324. Eymar.

La Dispute de la Rose, d'après Boilly.

325. Débucourt.

La Noce au château.

326. Marin.

La Laitière.

327. Débucourt.

Promenade de la Galerie du Palais Royal.

328. Helman.

Les Délices de la Maternité, d'après Moreau le jeune.

329. Alix.

Mme St. Aubin du théâtre de l'Opéra, d'après Garnerey.

330. Débucourt.

Almanach national.

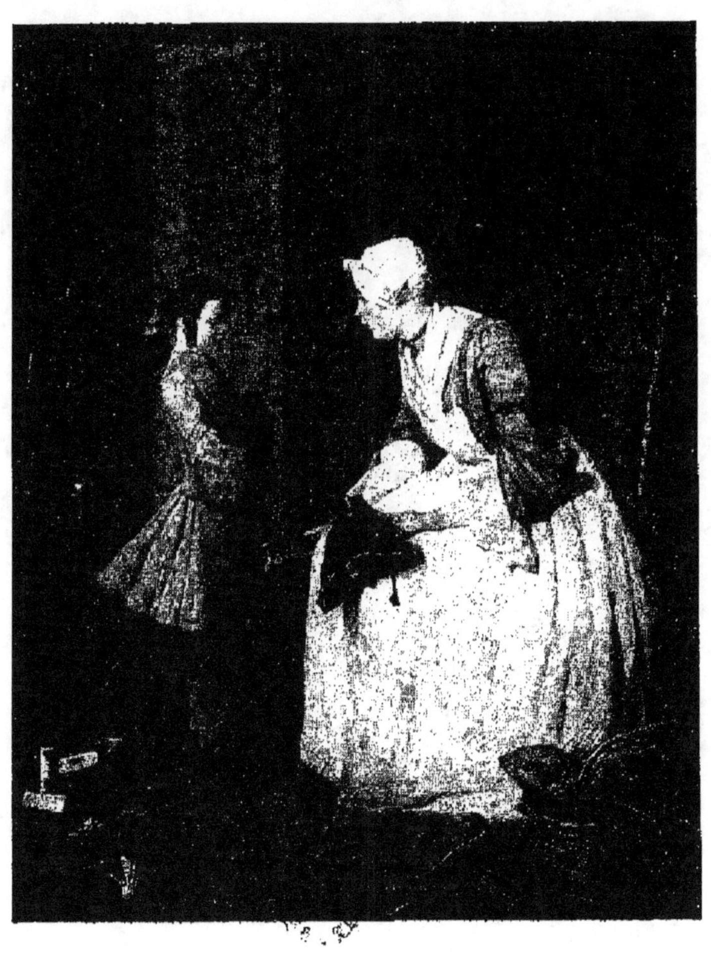

No. 313. Chardin.

331. Débucourt.

La promenade publique.

332. Alix.

Mlle Maillard du Théâtre des Arts, d'après Garnerey.

333. Baquoy.

»C'est un fils, Monsieur!« d'après Moreau le jeune.

334. Marin.

Femme prenant le café.

335. Débucourt.

Promenade du jardin du Palais Royal.

336. Débucourt.

Le Menuet de la Mariée.

337. Janinet.

L'Indiscrétion, d'après Lavreince.

338. Cazenave.

La Rose prise, d'après Boilly.

339. Bonnet.

Tête de femme, d'après Boucher.

340. Démarteau.

Femme couchée, d'après Boucher.

341. Monsaldy.

Mme Dugazon, d'après Isabey.

342. Bonnet.

Mme de Pompadour, d'après Boucher.

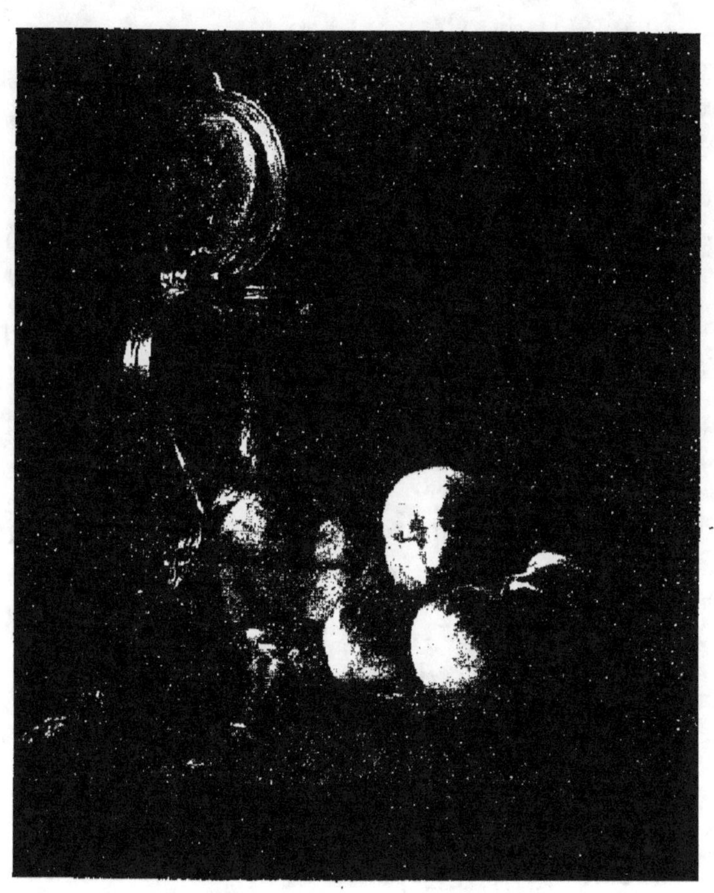

No. 312.   Chardin.

343. Bonnet.

La comtesse du Barry, d'après Drouais fils.

344. Decourtis.

F. S. Wilhelmine de Prusse, d'après Hentzi.

345. Alix.

Voltaire, d'après Garnerey.

346. Decourtis.

F. S. Wilhelmine de Prusse, d'après Tozelli.

347. Démarteau.

Bergère tenant un cœur, d'après Boucher.

348. Malgo.

La Princesse de Lamballe, d'après Hickel.

349. Tardieu.

L'Embarquement pour Cythère, d'après Watteau.

350. Janinet.

Mlle Du T . . ., d'après Lemoyne.

351. Massard.

Le Lever, d'après Baudouin.

352. Decourtis.

Le Tambour, d'après Taunay.

353. Janinet.

Projet d'un monument à ériger pour le Roi.

354. Decourtis.

Noces de village, d'après Taunay.

355. Decourtis.

La Rixe, d'après Taunay.

356. Gaucher.

Le couronnement de Voltaire au Théâtre Français le 30 mars 1778 après la sixième représentation d'Irene, d'après Moreau le jeune.

357. Decourtis.

Foire de village, d'après Taunay.

358. Massard.

La Cruche cassée, d'après Greuze.

359. Janinet.

Marie Antoinette, d'après Lemoyne.

360. Malgo.

Marie Antoinette, d'après Hickel.

361. Aveline.

L'enseigne de Gersaint, d'après Watteau.

362. Janinet.

La Comparaison, d'après Lavreince.

363. Janinet.

Vénus et les Amours, d'après Boucher.

364. Janinet.

La Toilette de Vénus, d'après Boucher.

365. Césarine, F.

Marie Antoinette en laitière, d'après Ruotte.

366. Huet.

Le Déjeuner, d'après Bonnet.

367. de Launay.

Femme couchée dans un lit, d'après Lavreince.

368. Janinet.

La Folie, d'après Fragonard.

369. Janinet.

L'Aveu difficile, d'après Lavreince.

370. Janinet.

L'Amour, d'après Fragonard.

371. Chapuy.

Les Grâces parisiennes dans la forêt de Vincennes, d'après Lavreince.

372. Débucourt.

L'Escalade.

373. Chapuy.

Les trois sœurs dans le parc de St. Cloud, d'après Lavreince.

SUPPLÉMENTS
ET CHANGEMENTS QUI ONT PRIS PLACE DEPUIS L'IMPRESSION DU CATALOGUE

SALLE D'ENTRÉE.

11. Nini se trouve maintenant salle VII.

15. Dupré se trouve maintenant salle IV.

SALLE II.

42a. voir N° 81 du catalogue.

63a. voir N° 89 du catalogue.

SALLE III.

67. Au lieu de Lancret, Le Colin-Maillard se trouve sous ce numéro maintenant: Watteau, Enseigne du marchand de tableaux Gersaint (l'une des deux parties du tableau). *Huile. Toile. H. 1,63 m. L. 1,54 m.* Collection de Sa Majesté l'Empereur.

81. Au lieu de Boucher (maintenant N° 42 a)
s'y trouve maintenant: Lancret, Le Colin-
Maillard (voir N° 67 du catalogue).

89. Au lieu de Robert, Lavandières s'y trouve
maintenant: Watteau, Enseigne du marchand
de tableaux Gersaint (l'autre moitié du tableau).
Huile. Toile. H.1,63 m. L.1,50 m. Collection
de Sa Majesté l'Empereur.

SALLE IV.

135 a. Drevet, Messire Arnold de Ville. Gravure
d'après Santerre.

119 a. Natoire, Paysage. Dessin.

129 a. Inconnu, Esquisse pour une terrine à
soupe.

130 a. Dupré. Portrait. Relief en bronze (voir
N° 15 du catalogue).

130 b. Fontaine, Medaillon en bronze. *H.0,22 m.
L. 0,20 m.* Collection de S. Excellence M. le
Comte de Seckendorff, Berlin.

SALLE VII.

209 a. Vitrine avec des peintures en miniature
de Baudouin et d'autres. Portraits en relief de
Nini (voir N° 11 du catalogue) de la collection

de M. Gustave Dreyfus, Paris. Vaisselle d'argent, appartenant à Son Altesse Royale le Grand-Duc de Hesse.

SALLE VIII.

235, 236, 237, 238, 240, 241. Dessins de Boucher, Chardin, Coypel, Fragonard, Freudeberg, Greuze, Lavater, Lemoyne, Natoire, Parrocèl, Pesne, Saint-Aubin, Subleyras, Watteau.

242. Pupitre avec des Médailles du temps de Louis XIV. Collection de M. Max Schulte, Berlin.

243. Vitrine avec des travaux des arts décoratifs français au XVIIIme siècle.

SALLE XI.

343a. Falconet, Vénus. Statuette en marbre. Collection de M. le docteur Werner Weisbach, Berlin.

Otto v. Holten, Berlin C.

GEDRUCKT BEI OTTO v. HOLTEN
BERLIN C.